REFLEXIONS POLITIQUES

SUR

LES FINANCES

ET

LE COMMERCE.

REFLEXIONS POLITIQUES SUR LES FINANCES, ET LE COMMERCE.

OU L'ON EXAMINE quelles ont été ſur les Revenus, les Denrées, le Change étranger, & conſéquemment ſur notre Commerce, les influences des Augmentations & des Diminutions des valeurs numéraires des Monnoyes.

TOME I.

A LA HAYE,
Chez les freres VAILLANT & NICOLAS PREVOST.

M. DCCXXXVIII.

AVERTISSEMENT.

QUOIQUE l'Ouvrage, que je publie, ait été principalement destiné à montrer la différence qui se trouve entre le sentiment de l'Auteur de l'*Essay Politique sur le Commerce*, & le mien, par rapport au surhaussement des Monnoyes, j'ai été néanmoins obligé de toucher quelques autres points, parce qu'ils m'ont paru naître du ſujet, & pouvoir ſervir à fortifier mes preuves. On trouvera donc dans cet Ouvrage quelques Remarques générales au ſujet des Finances, du Commerce, & de la Navigation. On y verra quelques Obſervations ſur les inconveniens & les écueils de l'ancienne Finance. Je parle en paſſant de quelques-unes des vûës géométriques & politiques de M. Law, & des avantages réels qu'auroit pû avoir ſon ſyſtême, s'il avoit été exactement ſuivi; je fais voir en cet endroit comment notre vivacité, nos caprices, notre cupidité l'ont fait échouer, & l'ont même rendu pernicieux : comment le remede qu'on a ensuite apporté au mal, l'a augmenté, au lieu de le guérir ; & ce qu'il eût été alors plus à propos de faire, si l'on eût été d'humeur de préférer les moyens simples & sûrs à des opérations composées & ruineuses.

En blâmant ces opérations, je n'ai eu nullement en vûë de censurer les personnes qui y ont eu part, ni de jetter le moindre ſoupçon ſur leur droiture univerſellement reconnuë: le bien de ma Patrie a été le ſeul objet que je me ſuis propoſé. On n'a pas trouvé mauvais que les Réfléxions de M. Follard & celles de M. le Comte de Feuquieres ſur les opérations de la guerre fuſſent publiées. Il s'en faut bien que les miennes, ſur les opérations de la Finance & du Commerce, ſoient auſſi librement expoſées. Je ne parle que des évenemens, ſans faire aucune mention de ceux qui les ont pû faire naître. Avec ces ménagemens, je ne crois pas que l'on me sçache mauvais gré d'avoir exposé des véritez, dont la connoissance peut être avantageuse à l'Etat. Tout ce que j'ai dit à ce sujet, pourra servir à préserver la postérité des malheurs où le défaut de réfléxion nous a fait tomber.

Quelques lecteurs seront peut-être rebutez par le grand nombre de Calculs, que cet Ouvrage renferme, sur-tout dans le troisiéme Chapitre. Mais ceux qui ne voudront pas prendre la peine de les vérifier, n'auront qu'à en supposer la fidélité & l'exactitude, (ce que l'on peut m'accorder) & alors ils s'arrêteront précisément aux conséquences, pour en examiner la justesse. Elles sont à la portée de tout le monde.

On trouvera aux pages 14 & 304 du second Tome, un moyen de connoître la situation du Commerce, que je crois beaucoup plus prompt & plus sûr, que celui dont on se sert actuellement, qui ne comprend qu'une partie de ce que la France doit à l'Etranger.

La formule de Calcul

que je donne à la page 25. du même second Tome, est nouvelle aussi: du moins je ne l'ai vûë en aucun endroit. Elle est générale, non-seulement pour trouver les paritez, mais encore pour tous les Calculs de Changes, d'Arbitrages, Regles de Proportion simples & composées, &c. Je n'en ai donné ni les principes ni la construction; parce que cela n'est pas de mon sujet. D'ailleurs, tout Calculateur les appercevra du premier coup d'œil.

Quelque soit le succès de mon Ouvrage, il ne diminuëra en rien le mérite de l'*Essay Politique sur le Commerce* : car quoique je ne sois pas du sentiment de l'Auteur par rapport aux Monnoyes, & que je croye avoir prouvé invinciblement le sentiment opposé au sien, il y a dans son Ouvrage tant d'autres choses excellentes, que ces Observations ne lui pourront jamais faire aucun tort.

Il s'est glissé quelques fautes d'impression dans les Calculs. On prie le Lecteur de consulter l'*Errata*.

TABLE DES CHAPITRES ET ARTICLES

Contenus dans le Tome premier de ces Réfléxions.

Fin de la Table du Tome I.

Errata du Premier Tome.

Page 19. ligne 22. prex, *liſez* prix.

20. lig. 23. au tems du temps, *liſez* au tems du payement.

60. lig. 2. e Commerce, *liſez* le Commerce.

79. A la Note page 466. *liſez* p. 46.

104. A la Note 12. 34. *liſez* 12. 39.

273. lig. 4. médités, *liſez* médité.

274. lig. 7. 2,847,869,666$\frac{2}{3}$, *liſez* 2,847,866,666$\frac{2}{3}$.

315. lig. 5. 597,746,030. *liſez* 597,756,030.

lig. 11. 597,656,030. *liſez* 597,756,030.

dern. lig. au Total, 2,103,745,470. *liſez* 2,102,745,470.

316. lig. 10. plus on les aſſuroit, *liſez* plus on les reſſerroit.

366. A la Note pag. 372. *liſez* p. 331.

371. lig. 2. 150,861 ſols 9 den. *liſez* en 1508, 61 ſols 9 deniers.

375. dern. lig. 130$\frac{1}{}$ *liſez* 130$\frac{1}{6}$.

396. lig. 8. me ſerviroient, *liſez* me ſerviront à.

427. lig. 15. puiſqu'il, *liſez* & qu'il.

432. lig. 12. qu'ils eſtime, *liſez* qu'il eſtime.

436. dernier mot, inſitions, *liſez* impoſitions.

REFLEXIONS

REFLEXIONS
POLITIQUES
SUR
LES FINANCES
ET LE COMMERCE.

VERS la fin de l'année 1734. il me tomba entre les mains un Livre qui venoit d'être imprimé sous le titre d'*Essai politique sur le Commerce*. La réputation de son Auteur m'engagea à le lire avec toute l'attention dont je suis capable.

Parmi les choses excellentes qu'il contient, j'en trouvai quelques-unes sur lesquelles je ne sçaurois être de son sentiment. Il est porté pour les surhaussemens des Monnoyes (*a*) : il les conseille même, toutes les fois que la dépense du Roi excedera ses revenus (*b*), ou que les recouvremens des impositions ne se pourront faire sans executions militaires (*c*). Bien plus il dit que l'augmentation du mois de May 1709. fut le salut de l'Etat (*d*), que celle du mois de Décembre 1715. soutint les Finances pendant 1716. & 1717, malgré le discrédit que la Chambre de Justice entretenoit (*e*) &c.

(*a*) Essai politique, pag. 174. de la premiere édit. & 173. & 174. de la seconde.

(*b*) Pag. 237. de la premiere & 224. de la seconde édit. Nº. 2, 3, & 4.

(*c*) Pag. 270. de la premiere, & 396. de la seconde édit. & 238.

(*d*) Pag. 202. de la premiere, & 196. de la seconde édit.

(*e*) Pag. 205. de la premiere, & 198. de la seconde édit.

Après avoir lû ce Livre, je dis à quelques personnes que je ne pensois pas comme l'Auteur sur les surhaussemens des Monnoyes, sans pourtant être porté pour les diminutions ; car je crois que la saine politique ne permet pas que l'on touche à la valeur numéraire des Monnoyes une fois bien établie : elles sont le gage ou l'équivalent de nos échanges réciproques, & la mesure qui regle la valeur des biens échangez. Il ne faut donc pas plus y toucher qu'aux autres mesures. Ce discours fut rapporté à l'Auteur, qui me fit l'honneur de me prier d'écrire les raisons sur lesquelles je me fondois, & de les lui communiquer, m'offrant d'y répondre par écrit, & même de m'amener à son sentiment.

Dans le désir de sçavoir & de m'instruire moi-même, & dans un esprit d'examen, & non de de critique, dont je suis très-éloigné, je fis des remarques sur la partie de ce Livre qui regarde les Monnoyes, laissant aux Négocians l'examen des maximes du Commerce que l'Auteur y expose.

Par cette recherche, je me suis principalement proposé de faire voir, (*a*) que nos fréquentes variations de Monnoyes ont toujours été, dans tous les cas, très-onéreuses au Roi & aux Peuples; qu'ici, comme, ailleurs l'intérêt du Souverain & celui de ses Sujets sont communs & réciproques, & que dans un pressant besoin de l'Etat, il sera

(*a*) Voyez dans le Chapitre premier, art. 6. à la fin, art. 3. Applications 1. 2. & 3. art. 8.

Chap. 3. art. 4. pag. 224. & suivantes, art. 6.

toujours infiniment plus avantageux à Sa Majesté, de se procurer les secours dont elle peut avoir besoin, par tout autre moyen que par une mutation de Monnoye.

J'espere aussi faire voir que si les peuples sont en état de supporter une imposition, ils la doivent payer avec d'autant moins de peine & de répugnance, que soit qu'elle fût d'un centiéme, d'un cinquantiéme, d'un quarantiéme, d'un trentiéme, d'un vingtiéme, d'un dixiéme, & même d'un cinquiéme de leurs revenus, elle ne leur sera jamais aussi désavantageuse qu'une mutation dans les Especes.

Je me flatte d'exposer ces vérités avec la derniere évidence, par les exemples du passé, & par l'exemple du présent. Je prouverai l'avantage ſolide & continu, que procure à notre Commerce l'uniformité & la ſtabilité, que le Gouvernement actuel a ſi ſagement maintenues dans cette meſure, depuis l'Arrêt du 15. Juin 1726. juſqu'à préſent 1736. (*a*) Ce qui nous montre que ce Gouvernement, qui eſt auſſi équitable qu'il eſt éclairé, a pour maxime qu'il ne faut pas plus toucher aux Monnoyes qu'aux autres meſures.

C'eſt dans la vûë de faire ſentir à la Nation les avantages infinis, qu'elle rètire & qu'elle retirera toujours de l'obſervation de cette ſage maxime, que je me ſuis rendu aux conſeils qui m'ont été donnés de faire impri-

(*a*) Cet Ouvrage a été fait, en trois Lettres adreſſées à l'Auteur de l'Eſſai politique ſur le Commerce, au commencement de Septembre 1735. puis mis dans la forme qu'on voit ici, au commencement de 1736.

mer ces Réflexions. J'ai eu l'honneur de les adreſſer en trois Lettres à l'Auteur du Livre qui en fait le ſujet. De ces trois Lettres j'ai formé les trois Chapitres dans leſquels cet Ouvrage eſt diviſé.

Dans le premier je diſcute quelques maximes répandues dans le Livre dont il s'agit, depuis le commencement du 10. Chapitre juſqu'à la fin du 17.

Dans le ſecond j'examine ſi le ſurhauſſement des Monnoyes, que l'Auteur protege, a été réellement avantageux aux Rois & aux Peuples, comme il le prétend (*a*). Pour cet effet je compare les revenus de Louis XII. de François I. de Henry II. de François II. & de Henry III. avec celui de Louis XV. au-

(*a*) Pag. 217. de la premiere édit. & 208. de la ſeconde.

jourd'hui régnant, ayant égard aux Etats que poſſedoient chacun de ces Rois, à ceux que poſſede Louis XV. aux charges de chacun de ces Monarques, & au prix des denrées ſous chacun de leurs regnes.

S'il eſt vrai que *l'augmentation numéraire ſoit toujours avantageuſe au Roi & au Peuple comme débiteurs* (*a*), Louis XV. recevant aujourd'hui beaucoup plus de numéraire qu'aucun des Rois ſes prédeceſſeurs, ſera beaucoup plus riche qu'aucun d'eux; mais ſi cela n'eſt pas, il s'enſuit que l'augmentation de ſa dépenſe occaſionnée par celle de l'eſpece ne lui ſeroit pas auſſi indiférente que l'Auteur le dit (*b*); puiſque l'une & l'autre devien-

(*a*) Idem.
(*b*) Idem.

droient contraires au Roi & au Peuple comme débiteurs ; ce qui ſeroit oppoſé aux maximes que donne l'Auteur aux pages 210, 212, & 217. de ſon Livre, premiere édition.

Dans le troiſiéme j'examine, ſi ces ſurhauſſemens de Monnoyes ſont avantageux ou contraires à notre Commerce. Pour y parvenir je ſuis pas à pas le cours des Changes étrangers de la Ville de Paris ſur Londres & ſur Amſterdam, qui ſont les Villes avec leſquelles nous faiſons le plus de commerce, & cela depuis le premier Janvier 1709. juſqu'au commencement d'Avril 1717. Et paſſant par deſſus le tems nébuleux du Syſtême de M. Law, je reprens au commencement du mois d'Août 1723. & je finis avec l'année 1734.

Le Change ne fait rien aux Monnoyes, mais il eſt le *véritable Barometre du Commerce.* Il nous montre journellement laquelle des deux Nations redoit à l'autre, & par conſéquent laquelle des deux a l'avantage de ce commerce. D'ailleurs le Change exprime toujours la juſte valeur de nos Monnoyes, ſoit qu'elles ſoient hautes, ſoit qu'elles ſoient baſſes; il n'admet jamais que cette valeur réelle dans l'évaluation des biens du cru étranger que la France reçoit, & il eſt ſuſceptible de toutes les variations de Monnoyes qui peuvent arriver dans un Etat. C'eſt pour cela que ſon cours m'a paru très-propre à nous montrer les bons ou les mauvais effets que font ſur notre commerce les augmentations & les diminutions d'Eſpeces, & par conſéquent leſquelles ſont le plus ou le moins défavorables. C'eſt ce qui fait la queſtion entre l'Auteur & moi.

La preuve, que je tire des Changes étrangers contre les mutations de Monnoye, eſt nouvelle : elle me paroît claire & démonſtrative.

J'ai apporté dans ces Réflexions toute l'exactitude poſſible ; cependant je n'aſſure pas qu'il n'y ait encore quelques fautes, ſurtout dans les calculs, où il eſt aiſé d'en faire. Ceux qui en remarqueront me feront un ſenſible plaiſir d'en avertir le Libraire.

On a dit que l'Auteur de l'Eſſai politique ſur le Commerce avoit été trop court : on dira au contraire que j'ai été trop long. Je ſens en effet que j'aurois pû abreger pluſieurs endroits de ces remarques, dans lesquelles on trouvera même quelques répétitions & quelques faits de détail, qui déplairont peut-être à l'homme éclairé : mais comme tous les hommes ne le sont pas, j'ai pensé que ces répétitions & ces faits pourroient servir de lumieres au plus grand nombre, & que les mêmes choses dites & redites de différentes façons, & offertes de différens côtés, en acquerroient plus de force.

Mon objet, comme je l'ai déja dit, a été mon instruction, & en m'instruisant je me suis attaché à la clarté par préférence, & à prouver par des faits de détail & démonstratifs, que nos fréquentes variations de Monnoyes, ont toujours été, dans tous les cas, très-onéreuses au Roi, au Peuple & à notre Commerce.

CHAPITRE PREMIER.

De quelques Maximes répanduës dans l'Essai politique depuis le 10. Chapitre jusqu'à la fin du 17e.

ARTICLE PREMIER.

Si, toutes choses égales, c'est le débiteur plûtot que le créancier qui doit être favorisé.

AU Chapitre 10. (*a*) page 172. & suivantes l'Auteur dit, » On ne peut disconvenir » que les stipulations ou livres » numéraires, ou de comptes, » indépendantes du poids & » titre, ne portent quelqu'idée » d'injustice, lorsqu'il arrive des

(*a*) C'est le 12. Chapitre de la seconde édit. page 172.

» variations dans les Monnoyes.
» Quoique la chose soit éviden-
» te, il est nécessaire pour l'in-
» telligence de la suite d'en
» rapporter un exemple.

» Supposons l'argent à 50.
» livres le marc, & l'or à pro-
» portion, le louis d'or de 24.
» livres numéraire à la taille de
» 30. au marc,

» Que Pierre emprunte 100.
» louis d'or de Jacques, il de-
» viendra débiteur de Jacques
» de 2400. livres valeur numé-
» raire. Si le lendemain le Roi
» diminue le prix du marc d'un
» sixiéme & réduise par là le louis
» d'or à 20. livres, Pierre ne
» pourra s'acquitter envers Jac-
» ques qu'en donnant 120. louis
» d'or du même poids & titre
» qu'il a reçû. Ce que Jacques
» gagne dans cette supposition,
» il l'auroit perdu s'il avoit eu

» une pareille augmentation ;
» car alors Pierre ſe ſeroit ac-
» quitté avec une moindre quan-
» tité de louis du même poids
» & titre qu'il avoit reçus.

Je réponds qu'il n'y auroit aucune injuſtice, ſi on rendoit l'argent ſur le pied qu'il valoit lors de l'emprunt ou de l'obligation contractée, comme cela ſe pratiquoit autrefois, puiſqu'alors dans le cas d'augmentation, & dans celui de diminution, il n'y auroit ni perte ni profit pour le débiteur, ni pour le créancier; ce qui eſt d'autant plus juſte, que ce n'eſt pas aſſez de recevoir le même nombre de livres ou de ſols, qui ne ſont que des noms imaginaires : il faut que ces livres ou ces ſols ſoient exactement les mêmes, afin de retirer la même quantité d'or & d'argent qu'on a prêté en poids &

en titre : autrement on y perd, comme dans cette ſuppoſition, Pierre perd évidemment 20. louis d'or ; mais au reſte que lui fait cette perte ? N'a-t-il pas gagné en payant ſes créanciers après une augmentation d'Eſpeces ? Il eſt donc juſte qu'il perde dans le même cas, lorſqu'on les diminue : Pierre ne doit pas ſe plaindre du gain de Jacques, puiſque ſi c'eût été une augmentation au lieu d'une diminution, Jacques auroit moins reçu. L'injuſtice par rapport à l'un & à l'autre eſt égale ; il n'y a pas plus de raiſon à favoriſer l'un que l'autre, & je ne vois pas par là lequel vaut le mieux pour l'Etat, ou de l'Eſpece haute, ou de l'Eſpece baſſe ; cependant l'Auteur, qui me fournit l'objet de ces remarques, décide pour l'augmentation, ſuivant la maxime qu'il donne, page 174. (*a*) & qu'il exprime ainsi.

» Les diminutions favorisent » le créancier, & les augmen» tations le débiteur ; cela est incontestable, si on ne rend pas les mêmes especes que l'on a reçûes ; » & tout le reste égal » en matiere d'état, ajoûte l'Au» teur, c'est le débiteur qui » doit être favorisé. » C'est-à-dire, selon cette maxime, qu'il faut hausser l'espece.

Pour moi, encore un coup, je ne vois pas plus de raison à favoriser le débiteur, qu'à favoriser le créancier, je vois seulement que cette maxime n'est point avantageuse à la circulation de l'espece, ni au crédit : elle doit altérer l'un & l'autre ; elle pourra même in-

(*a*) Pages 173. & 174. de la seconde édit.

troduire l'uſure, parce que le créancier voudra ſe dédommager de la condition onéreuſe que lui procure ſa qualité de créancier. En effet, quel eſt celui qui voudra prêter & donner ſa confiance à quelqu'un, lorſque le débiteur ſera favoriſé ? L'appas du gain légitime ſera-t-il ſuffiſant pour y engager ? C'eſt ce que je ne voudrois pas aſſurer. Cependant, ſi cela n'eſt pas, point de confiance, point de circulation, & par conſéquent point de commerce.

(*a*) Pour appuyer cette maxime, l'Auteur dit au même lieu, (*b*) que » quelques-uns » de nos Roys en diminuant » les Monnoyes, (c'eſt-à-

(*a*) Voyez ci-après, art. 5. les mauvais effets du défaut de confiance & de circulation.

(*b*) Page 174. de la premiere & de la ſeconde édition.

» dire, lorsqu'ils revenoient
» de la foible à la forte Mon-
» noye) ont eu égard au pré-
» judice qu'en recevoient les
» débiteurs ; il y a là-dessus di-
» verses Ordonnances de Phi-
» lippe le Bel, Philippe de Va-
» lois, &c. »

Cependant l'Ordonnance de Philippe le Bel du mois de Juillet 1302. veut que les dettes soient payées, en especes, *comme elles valoient communément au tems du contrat. Celle du 4. Octobre 1306. veut, que les dettes à payer sous termes de plusieurs années soient payées à ladite value que Monnoye avoit au tems que Li marchiez ou la convenance furent faits, & suivant la value par le prix que marc d'argent valoit à icel tems.* Recueil des Ordonnances, par LAURIERE.

Celles de Philippe de Valois du 16. Décembre 1329. & celle de 1343. portent, *que les emprunts & dettes accrues du tems paſſé à payer, ſeront payées à la Monnoye qui couroit au tems du contrat ou de l'emprunt fait.* LE BLANC, en ſes Prolégomenes.

Le 24. Novembre 1354. lorſque le Roy Jean revint à la forte Monnoye, & qu'il fit faire les Moutons d'Or fin de 52 au marc, il ordonna la même choſe pour les payemens.

Charles VI. par ſes Ordonnances des 26 Juin & 15 Décembre 1421. veut *que tous vrais emprunts faits en deniers ſans fraude, ſe payent en telle Monnoye, comme l'on aura emprunté, ſi elle a plein cours au tems* [redacted] *du payement, ſinon ils payeront en Monnoye cour-*

sable lors, selon la value & le prix du marc d'or, si on a reçû or, ou d'argent, si on a reçû argent, nonobstant quelques manieres de promesses ou obligations faites sur ce. LE BLANC. Idem.

Ce n'est pas-là favoriser les débiteurs, c'est au contraire avoir de grands égards au préjudice qu'en auroient reçû les créanciers, qui est l'opposé de ce que dit notre Auteur.

Ces Ordonnances sont équitables; elles ne favorisent ni le débiteur, ni le créancier; parce qu'il n'y a pas plus de raison à favoriser l'un que l'autre. Aussi je vois dans le *Droit de la nature & des gens* de Puffendorff, liv. 5. chap. 7. §. 6. » que lorsqu'entre le temps du » prêt & celui du payement il » arrive des changemens dans

» la Monnoye, l'argent ſera » rendu ſur le pied qu'il valoit » lors du contrat conclu.

Il ajoûte, §. 7. que les Juriſconſultes, dont il parle dans ſes notes, prétendent » que l'augmentation ou la diminution » ſont au profit, ou au péril » des débiteurs. Après cela, il me paroît que la maxime de notre Auteur n'eſt pas fort bien appuyée par ces Ordonnances, ni par Puffendorff.

Article II.

Si ce fut la diminution de la valeur numéraire des Monnoyes, qui fut cause du soulevement des Peuples, sous Philippe le Bel.

AUx pages 185. & suivantes, * l'Auteur s'exprime ainsi : » Les plaintes, ou plûtôt » les cris des Peuples, engagerent Philippe le Bel à une » refonte en Monnoye forte, » comme au tems de S. Louis, » c'est-à-dire, que la nouvelle » valeur étoit numérairement de » deux tiers moins forte. La » double imprudence de cette » opération devoit causer, & » causa plus de désordre, que » tout ce qui avoit précedé. Pre» mierement, parce que cette

* Page 182. de la seconde édition.

» diminution excessive ruinoit
» les débiteurs, les mettoit à
» jamais hors d'état de s'acquit-
» ter. En second lieu, parce
» qu'il ne supprima pas les an-
» ciennes Monnoyes foibles, &
» dans une disproportion des
» deux tiers, avec la nouvelle.

La premiere cause que l'Auteur nous donne ici du desordre causé par cette diminution, c'est
» qu'elle ruinoit les débiteurs,
» & les mettoit à jamais hors
» d'état de s'acquitter; » ce sont ses termes. Selon le Blanc, (*a*) dans lequel il a pris ce qu'il dit à ce sujet, cette diminution se fit à la Saint Remy 1306. c'est-à-dire, le premier Octobre; or j'ai rapporté à l'article précedent les passages des Ordonnances de Philippe le Bel, du

(*a*) Traité des Monnoyes, édition de Paris, page 217.

mois de Juillet 1302. & du 4. Octobre 1306. par leſquelles il eſt ordonné, *que les dettes ſeront payées ſur le pied que valoit l'Eſpece au tems de l'emprunt.* La derniere qui eſt préciſément du tems de cette diminution, veut que » les dettes ſoient payées à » ladite value que Monnoye » avoit au tems que li marchiez, » ou la convenance furent faits, » & ſuivant la value par le prix » que marc d'argent valoit à » icel tems. » Suivant cette Ordonnance donnée trois jours après la diminution dont l'Auteur parle, les débiteurs ne perdoient pas une obole, puiſqu'ils ne rendoient que ce qu'ils avoient reçû : cela eſt clair ; donc cette diminution n'a jamais pû les ruiner, ni les metter hors d'état de s'acquitter, comme le dit l'Auteur : elle ne fut donc pas cause de la sédition.

J'avoue ingénuement que toutes les fois que j'ai lû ce qui se passa sous Philippe le Bel au sujet de la Monnoye, je n'ai jamais pensé que la diminution d'Especes qu'il fit à la saint Remy 1306. en fut, ou en pût être la cause; car qui le croiroit? Le Peuple est rempli de Monnoye foible: ses plaintes & ses cris engagent le Roy *à une refonte en Monnoye forte*; ce sont les termes de notre Auteur, & ceux de le Blanc, & cette Monnoye forte n'est pas si-tôt faite, que le Peuple se souleve, & perd le respect: peut-on penser que sa révolte soit occasionnée par une Monnoye forte, qu'il demandoit avec instance? J'ai toujours crû que la cause de cette révolte ne pouvoit tomber que sur la Monnoye foible que Philippe ne supprima pas, & avec laquelle on vouloit payer le Peuple, exigeant de lui qu'il payât ce qu'il devoit en Monnoye forte; cette injustice le mit au desespoir, & n'ayant plus rien à perdre, il perdit le respect. Je suis persuadé que ce fût-là la cause de la sédition dont l'Auteur parle, & que ce ne fut pas, comme il le dit, la diminution d'Especes, que ce Peuple avoit lui-même demandée avec tant d'empressement. Je soutiens aussi, que si on avoit supprimé la Monnoye foible, & que le Peuple eût été payé en Monnoye forte, il auroit payé de même ce qu'il devoit sans murmurer, & il n'y auroit point eu de sédition; ce raisonnement me paroît évident.

L'Auteur, pour prouver ce qu'il avance, rapporte ce que disent là-dessus Sponde, & du Moulin, dont les passages se trouvent en latin dans le Blanc (*a*), & que l'Auteur de l'essai politique (*b*) traduit en ces termes.

» De ce que le Roy changea » la Monnoye foible, qui avoit » eu cours pendant onze ans, en » Monnoye forte, comme elle » étoit du tems de S. Louis; de-» là vint une grande sédition » du Peuple, parce que desor-» mais le payement de toutes » choses devoit se faire au prix » de cette Monnoye forte, au » grand dommage du Peuple. » Les Parisiens s'éleverent con-» tre le Roi, &c. Du Moulin

[*a*] Page 218. & 219.

[*b*] Essai politique, page 186. de la premiere édition, & 183. de la seconde.

ajoute, » & contre Etienne » Barbette dont le Peuple en » fureur ſaccagea la maiſon, » & les beaux jardins, en ce » qu'étant plus riche que les » autres, le ſcélerat avoit don- » né cet avis, afin d'obliger les » Pauvres qui devoient des ren- » tes & des loyers de les payer en » Monnoye forte. » Notre Auteur ajoûte au même endroit (*a*), » qu'il eſt important de ſe » ſouvenir de ces deux paſſa- » ges, car ils répondent à preſ- » que toutes les plaintes ſur le » hauſſement des Eſpeces, & » l'on voit que dans ces tems- » là, il y avoit dans les têtes » une prétendue valeur intrin- » ſeque du marc d'environ 54 » ſols, valeur de Saint Louis. »

[*a*] Eſſai, page 187. & 184. de la ſeconde édition.

Le paſſage de Sponde & celui de du Moulin ſuppoſent néceſſairement que le payement en Monnoye forte ſe devoit faire par le Peuple, & par les pauvres, & qu'au contraire le Roy & les gens riches devoient payer dans l'ancienne Monnoye foible. Le premier dit que ce payement en Monnoye forte *étoit au grand dommage du Peuple*. Pour du Moulin, il parle formellement des rentes & des loyers dûs par les pauvres.

Comme l'Auteur du Livre, qui fait le ſujet de ces remarques, cite Sponde & du Moulin, il les regarde comme ſenſez. Mais ils ne le ſeroient en aucune façon, s'ils n'avoient eu en vûe ces deux différentes eſpeces de payemens, & s'ils avoient ſeulement ſongé à *cette prétendue valeur intrinſeque* qui étoit, dit notre Auteur, dans les têtes de ce tems-là : ainſi je ne vois pas que ce que diſent Sponde & du Moulin, réponde comme le prétend l'Auteur, aux plaintes que l'on fait ſur le hauſſement des Eſpeces : le contraire paroît plus vrai-ſemblable. Ce que dit le Blanc (*a*) me confirme dans cette penſée, & ſans vouloir le juſtifier, je ne trouve point que ſon préambule ſoit auſſi obſcur & auſſi équivoque, que le dit notre Auteur, page 188. Ecoutons le Blanc, voici comme il s'explique, page 217.

» Le Roy réduiſit le prix du » marc d'argent de 8 livres 10 » ſols, où il étoit, à 55 ſols ſix » deniers tournois, & ſur ce » pied il fit fabriquer des gros

[*a*] Page 217. & 218.

» tournois d'argent, & des de-
» niers parisis aussi bons que
» ceux de Saint Louis : mais
» en faisant cette forte Mon-
» noye, il laissa courir la foi-
» ble sans en réduire le cours,
» pour l'égaler à la bonne ; ce
» qui causa un étrange desor-
» dre.

Je ne vois là ni obscurité, ni équivoque ; la faute est d'avoir laissé courir la foible Monnoye sans la réduire à l'égalité de la bonne, & non pas d'en avoir fait de bonne ; cela est clair ; à la page suivante 218. le Blanc s'exprime ainsi.

» Ces affoiblissemens de
» Monnoyes avoient duré de-
» puis l'an 1295. jusques en
» l'an 1306. La fabrication de
» la nouvelle qui étoit forte, &
» qui avoit peu duré, l'affoi-
» blissement dans lequel on s'é

» toit engagé, causerent une
» horrible sédition à Paris. Le
» Peuple vouloit payer avec la
« Monnoye foible, n'ayant pas
» le moyen d'en avoir de la
» forte sans une perte considé-
» rable. Les riches de leur côté
» exigeoient les payemens en
» forte Monnoye, ne voulant
» pas se charger de la foible,
» à cause de la perte. Les Pau-
» vres & le Peuple réduits au
» desespoir, & n'ayant plus
» rien à perdre, perdirent le
» respect dû à la Majesté Royale.
» Ils pillerent les maisons d'E-
» tienne Barbette, Maître de
» la Monnoye, qui passoit pour
» l'Auteur de cette exaction.

Selon le Blanc, dit notre Auteur, page 189.* » l'exaction
» étoit de faire payer en Mon-
» noye forte ce qui avoit été

* Page 185. de la seconde édition.

» contracté en Monnoye foi-
» ble, ou pour parler le langa-
» ge ordinaire, de faire payer
» après la diminution la mê-
» me quantité de livres numé-
» raires qui avoient été contra-
» ctées avant. Si Philippe avoit
» laiſſé la Monnoye dans l'af-
» foibliſſement où elle étoit,
» que la proportion & le titre
» en euſſent été aſſurez, tout
» auroit été bien-tôt remis dans
* l'ordre, que le paſſage de l'af-
» foibliſſement avoit un peu al-
» téré.

On conçoit donc, ſelon le Blanc, que l'exaction ou l'injuſtice étoit de vouloir payer en Monnoye foible, & de vouloir être payé en Monnoye forte. Ce qui faiſoit que l'exaction n'étoit donc pas la Monnoye forte que l'on avoit demandée avec tant d'empreſſement ; c'étoit plûtôt la Monnoye foible que personne ne vouloit recevoir, & avec laquelle tout le monde vouloit payer.

Philippe ne pouvoit pas non plus laisser la Monnoye dans l'affoiblissement où elle étoit, comme notre Auteur le désire (*a*), puisqu'il dit lui-même (*b*), que *ce Prince fut forcé par les plaintes & les cris des Peuples d'en faire de la forte.* Il s'y étoit même engagé par Lettres-Patentes, disent le Blanc (*c*) & le Pere Daniel. (*d*) Il est donc naturel de penser, & de dire, que si Philippe en rentrant dans la Monnoye forte

[*a*] Page 189. de la premiere édition, & 185. de la seconde.

[*b*] Pagé 185. de la premiere édition, & 182. de la seconde.

[*c*] Page 214. & suiv.

[*d*] Histoire de France, tome 3. page 324. édition *in*-4°. d'Hollande.

avoit supprimé le cours de la foible, ou qu'il l'eût réduite au niveau de la forte, il n'y auroit point eu de sédition, & conséquemment que c'est la foible Monnoye qui a causé la révolte, & non pas la forte, ou la diminution que l'on avoit demandée avec empressement.

L'Auteur auquel je réponds peut se convaincre de cette vérité, par les Auteurs même qu'il cite. Il prétend (*a*) que Mezerai dit en termes exprès, que la diminution des Especes fut cause de la sédition; mais en quel endroit Mezerai tient-il ce langage? Est-ce dans sa grande Histoire, ou dans son Abrégé? C'est ce que l'Auteur ne dit point, & ce qu'il faut chercher. Je trouve dans l'Abrégé de Me-

(*a*) Page 190. de la premiere édition, & 186. de la seconde.

zerai (*a*) le paſſage dont il s'agit : mais notre Auteur ne veut pas qu'on y ajoûte foi , car il nous dit très-bien que *Mezerai parle ſans examen , & en compilateur de faits.* En effet , l'article qu'il cite eſt un extrait aſſez mal fait , de celui que l'on peut lire dans la grande Hiſtoire de cet Hiſtorien (*b*). On en peut juger ſur l'original , dont voici les termes. » Pour entre-
» tenir l'armée , le Roy affoi-
» bliſſoit d'un tiers la Mon-
» noye courante. Cette inven-
» tion Italienne mit tant de
» confuſion parmi les Mar-
» chands & le Peuple , qu'il ſe
» fit une ſédition à Paris. Il n'eſt pas-là queſtion de diminution d'Eſpeces ; il ne s'agit au con-

[*a*] Tome 3. page 495. & 496. édition *in*-4°. de 1668.

(*b*) Tome 1. page 695. édition de Guillemot.

traire que de leur affoibliſſement, & ce fut cet affoibliſſement qui cauſa la ſédition, ſuivant ce paſſage de Mezerai, & non pas la Monnoye forte, ou la diminution, comme le prétend notre Auteur.

Le Pere Daniel, ſur lequel il s'appuye auſſi, dit à l'endroit cité ci-devant (*a*) » qu'il falloit que » l'incommodité que cauſoit » cette foible Monnoye, fût bien » grande, puiſque l'an 1303. » les Prélats du Royaume offri» rent au Roy deux vintiémes, (c'eſt un dixiéme) » du revenu » annuel de tous leurs bénéfi» ces, à condition qu'à l'ave» nir, ni lui, ni ſes ſucceſſeurs, » n'affoibliroient point les Mon» noyes, &c.

Suivant le Pere Daniel, c'eſt encore la foible Monnoye qui

[*a*] Tome 3. page 324.

cauſe le deſordre, & non pas la forte : cet Auteur s'explique nettement à la page ſuivante 325. de ſon Hiſtoire, où il dit :
» enfin le Roy ſe réſolut à faire
» faire de la Monnoye auſſi
» forte qu'elle étoit du tems de
» Saint Louis ; mais en faiſant
» faire cette bonne Monnoye,
» il laiſſa courir la foible, ſans
» en réduire la valeur, pour la
» proportionner à la bonne,
» & c'eſt ce qui cauſa la ſédi-
» dion.

Je conviens que les faits rapportés par le Pere Daniel ſe trouvent dans le Blanc, aux pages 213. & 217. Mais j'aime autant, & peut-être mieux, les trouver dans le Blanc, que dans le Pere Daniel ; notre Auteur les cite tous deux, & ne peut les récuſer. Le Pere Daniel ne laiſſe ni obſcurité, ni équivoque ; il dit formellement, que ce fut la foible Monnoye qui causa la sédition : Mezerai, qui assurément n'a pas suivi le Blanc, le dit aussi : M. de Boulainvilliers à la fin de sa sixiéme Lettre sur les Parlemens est de ce sentiment. Il est donc clair que ce ne fut pas la diminution excessive, dont parle notre Auteur à la page 185. de son Livre, & il doit convenir que les Auteurs mêmes qu'il a citez à ce sujet, sont contre lui.

Au reste, la cause de la sédition, & les plaintes des Peuples, ne venoient précisément ni de la forte, ni de la foible Monnoye, considérée chacune en particulier, mais seulement de ce qu'il y avoit deux valeurs inégales à une espece qui étoit exactement la même ; ce qui faisoit que personne ne la vouloit recevoir sur le pied de l'affoiblissement, ni payer sur le pied de la diminution. D'où il suit, *qu'il ne faut jamais donner deux prix differens à une meme Espece.*

L'Auteur de l'*Essai politique* ne veut point de Monnoye forte ; la foible, selon lui, est plus avantageuse; car il dit à la page 194.* » que si le haussement altéroit » le Commerce, ou causoit la » disette des Especes, nous de» vrions être actuellement & » sans Commerce, & sans ar» gent, puisque le haussement » est d'un à plus de soixante, » en sorte qu'il faudroit soi» xante sols pour payer la va» leur intrinseque d'un sol » contracté au tems de Char» lemagne » : & à la page 237.

* Page 190. de la seconde édition.

numero 2. il dit, (*a*) qu'il résulte de ses principes que » la » valeur numéraire des Especes » ayant été haussée d'un à plus » de soixante sans avoir altéré » ni le Commerce ni la Finance, elle est indifférente à l'un » & à l'autre.

Selon le Blanc, page 81. *les sols réels de Charlemagne étoient d'argent fin* : & page 83. *ces sols pesoient* 345 $\frac{3}{5}$ *grains poids de marc*. Sur ce pied le marc d'argent fin étant fixé aujourd'hui à 51. livres, 3. sols 3. deniers, le sol du tems de Charlemagne vaudroit donc 76. sols 6. deniers de notre Monnoye actuelle; & si on compte sur le pied de notre argent monnoyé qui est à 10^{d}. 21. gr. de fin, & qui passe pour 49. livres 16. sols le

(*a*) Page 224. de la seconde édition.

marc, celui d'argent fin doit valoir 54. l. 19. f., & le fol du tems de Charlemagne 81. f. 9. d. d'aujourd'hui. Ainsi le hauſſement des Eſpeces eſt exactement de 1. à 76 $\frac{1}{2}$ ou de 1. à 81 $\frac{3}{4}$: mais de ce que ce hauſſement eſt de 1. à 76 $\frac{1}{2}$. ou à 81 $\frac{3}{4}$. peut-on conclure que s'il » altéroit le Commerce, ou cauſoit la diſette des Eſpeces nous » ſerions aujourd'hui & ſans » commerce & ſans argent. » Il me ſemble que l'on peut tout au plus en conclure une plus grande abondance d'or & d'argent, & que ſi toutes choſes avoient hauſſé comme l'Eſpece, ces choſes ſeroient aujourd'hui 76 $\frac{1}{2}$. à 81 $\frac{3}{4}$. fois plus hautes de prix qu'elles n'étoient au tems de Charlemagne : mais qui peut ſçavoir ce que ſeroit aujourd'hui notre Commerce & notre richesse en argent, si nos différentes mutations de Monnoyes n'avoient pas interrompu & troublé ce même Commerce? (*a*) Car on ne peut nier que ces diverses variations de Monnoyes ne dérangent extrêmement le Commerce d'un Etat. On peut donc dire au contraire, & avec plus de raison, que sans ces obstacles notre Commerce seroit toujous supérieur à celui de nos voisins, je veux dire, que nous aurions toujours l'avantage sur eux, & qu'ils nous redevroient par la balance du Commerce, comme j'espere le montrer dans la suite. (*b*)

Au reste ce qui se passoit sous Charlemagne ne peut se comparer avec ce qui se passe aujour-

(*a*) Voyez ci-après Chap. 3. art. 4. après la récapitulation; & art. 6. année 1727.

(*b*) Chap. 3. art. 6. année 1727.

d'hui, non ſeulement à cauſe du long eſpace de temps, mais encore plus, à cauſe de la différence totale dans les mœurs, dans le gouvernement, & dans la multiplication du Peuple &c. De plus il eſt arrivé de ſi grandes révolutions, que ce qui ſe paſſoit ſous Charlemagne ne nous regarde guéres davantage que ce qui ſe paſſoit ſous Trajan & ſous Conſtantin.

ARTICLE III.

Dans lequel on examine, ſi dans la ſituation preſente ce ſont nos Monnoyes qui attirent celles de Lorraine, ou ſi celles de Lorraine attirent les nôtres.

A La page 197. (*a*) l'Auteur s'exprime ainſi : » Les Mon-

(*a*) Page 192. de la ſeconde édit.

» noyes de Lorraine ſont ac-
» tuellement de même titre & de
» même dénomination que les
» nôtres, mais plus foibles d'un
» ſixiéme en poids. On deman-
» de ſi les nôtres les attirent,
» ou ſi elles attirent les nôtres. »

Il n'y a point de Monnoyes d'or en Lorraine qui ait actuellement cours, plus foibles en poids que les nôtres (*a*), & il n'y en a point eu depuis 1726. Au contraire les Léopolds d'or fabriqués en vertu de l'Edit de S. A. du mois d'Aouſt 1725. étant de 21 $\frac{57}{83}$ au marc ſont plus forts de poids que nos Louis actuels de 30. au marc; mais il y a des Léopolds d'argent de 12. au marc, fabriqués en vertu de l'Edit du Prince du mois de Mai 1724. qui ſont par con-

(*a*) On parle de 1735.

séquent de près d'une moitié plus foibles en poids que nos Ecus actuels de 8 $\frac{3}{10}$ au marc.

Suivant l'Arrêt du Conseil de S. A. du 15. Février & celui du 5. Mai 1726. ces Léopolds d'or valoient 32. livres en Lorraine, nos Louis d'or de 30. au marc vieux & nouveaux 23. livres 2. sols 6. deniers. Les Léopolds d'argent de 12. au marc 4. livres, & nos écus de 8 $\frac{3}{10}$ au marc 5. livres 16. sols 6. deniers.

Ces Especes furent augmentées par Arrêt du Conseil de S. A. du 30. May 1726. sçavoir,

Les Léopolds d'or 21 $\frac{57}{83}$ au marc à 40. livres, cy	40 l.
Nos Louis d'or de 30 au marc à	28 l. 18. f. 1. d.
Les Leopolds d'argent de 12 au marc à	5 l.
Et nos Ecus de 8 $\frac{3}{10}$ au marc à	7 l. 4. f. 4. d.

Ces Léopolds d'or de 21 $\frac{57}{83}$ au marc, ainsi que ceux d'argent de 12. au marc, ne subsisterent pas long-temps. On ne voit plus dans le Commerce en Lorraine que des Léopolds & des Louis d'or de 30. au marc fixés par ledit Arrêt du 30. Mai 1726. à . . . . 28. l. 18. s. 1. d.

Des Léopolds & des Louis d'or de 25 au marc à	34. l. 13. s. 9. d.
Des Léopolds & des Louis d'or des 20. au marc à	43. l. 7. s. 2. d.
Des Léopolds & Ecus d'argent de 9 au marc à	6. l. 13. s. 4. d.
Des Léopolds & Ecus d'argent de 8 au marc à	7. l. 10. s.
Idem de 10 au marc à	6. l.
Et de nos Ecus de 8 $\frac{3}{10}$ au marc à	7. l. 4. s. 4. d.

Il n'y a point d'autres Especes que celles énoncées ci-dessus en Lorraine, elles sont toutes du même poids & du même titre que les nôtres; aussi y sont-elles évaluées au même prix: il n'y en a donc point de plus foi-

bles

bles en poids comme notre Auteur l'avance.

Les Especes de Lorraine tant d'or que d'argent n'y ont point d'autre valeur encore actuellement (1735) que celle qui leur est donnée par cet Arrêt du 30. Mai 1726. mais celles de France y passent dans le Commerce pour quelque chose de plus, sçavoir

Nos vieux Louis d'or de 20 au marc pour	45. l.
Ceux de 25 au marc pour . . .	35. l.
Ceux de 30 au marc vieux pour	30. l.
Les nouveaux qui valent 24 livres à Paris pour	31. l.
Nos vieux Ecus de 9. au marc pour	6. l. 13 s. 4. d.
Ceux de 10 au marc pour . . .	6. l.
Et ceux d'aujourd'hui de 8 $\frac{3}{10}$ au marc pour	7. l. 15. s.

Voilà au juste l'état où sont les Monnoyes en Lorraine ce mois de Mai 1735. Cet état a toujours été le même depuis le mois de Mai 1726. Reste à examiner laquelle de ces deux Especes attire l'autre.

La solution de cette question dépend pour le François de l'emploi en denrées qu'il peut faire en Lorraine, en y portant nos anciennes & nouvelles Especes, & du produit que pourroit lui procurer la vente de ces denrées à Paris ou en France: Et pour le Lorrain, de l'achat qu'il peut faire de nos denrées avec ses Léopolds d'or, qu'on ne reçoit en France qu'aux Hôtels des Monnoyes à raison de 678. livres 15. sols le marc, & du produit que lui donneroit la vente des denrées en Lorraine. Nous allons examiner quel seroit le bénéfice ou la perte pour l'un ou pour l'autre, à échanger Especes contre Especes. La faveur que la Lorraine donne aux nôtres doit être contre elle.

Pour le prouver, je suppose que Jacques porte en Lorraine 100. de nos Louis d'or; ils y valent 31. livres piece: il y recevra par conséquent 3100. livres argent de Lorraine en $107\frac{1}{4}$ Léopolds d'or à 28. livres 18. sols 1. denier chacun. Or ces Léopolds d'or étant de même titre & de même poids que nos Louis d'or, valent réellement $107\frac{1}{4}$ de nos Louis : il est donc clair que Jacques gagne $7\frac{1}{4}$ Louis sur cent. C'est le bénéfice que peut y faire celui qui aura la faculté de remarquer ces Léopolds au coin des Louis d'or. Mais si Jacques n'a d'autre débouché que celui de porter ces Léopolds aux Monnoyes de France, où ils ne sont reçus qu'au marc, à raison de 678. livres 15. sols chacun, ces 107. $\frac{1}{4}$ Léopolds supposés droits de poids ne faisant que 3 $\frac{23}{40}$ marcs, il n'y recevra que .... 2427. l.

Les cent Louis d'or lui en valoient . . . . 2400. l.

Ainsi le bénéfice de Jacques resteroit presque tout à la Monnoye, & se trouveroit réduit par cette manœuvre à 27. livres sur 2400. livres, c'est 1 $\frac{1}{8}$ pour cent : ce bénéfice ne vaut ni la peine, ni les risques ni les frais du transport.

Si au contraire Pierre vient de Lorraine en France avec 100. Léopolds d'or, en les remarquant au coin du Louis d'or, il n'en fera que cent Louis, lesquels lui vaudront en Lorraine 6 $\frac{191}{25}$ pour cent de profit : mais ierre porte ses 100. Léopolds d'or aux Monnoyes, il y recevra 2262. livres 10. sols. En 94 $\frac{1}{4}$ Louis d'or à 24. livres chacun : or ces Louis étant de même titre & de même poids que les Léopolds, il est clair que Pierre perd réellement 5 $\frac{3}{4}$ de cent : donc il n'y a qu'une perte évidente dans cette manœuvre. Il n'y a de bénéfice que pour celui qui remarqueroit les Léopolds d'or aux coins des Louis d'or de France, & cela parce que la Lorraine ne fait valoir ses Léopolds d'or que 28. livres 18 sols 1 denier chacun, & nos Louis d'or, qui n'ont pas plus de valeur 31 livres piéce ; c'est cette disproportion qui fait le désordre.

Pour les anciennes Especes, je suppose que Jacques porte en Lorraine 150. de nos vieux Louis d'or de 30. au marc, qui y valent 30. livres piece : il y recevra donc $155\frac{3}{5}$ Léopolds d'or aussi de 30. au marc, mais à 28. l. 18. s. 1. d. chacun, lesquels Léopolds étant de même titre & de même poids que nos Louis valent réellement $155\frac{3}{5}$ Louis. Il est donc clair que Jacques gagne $5\frac{3}{5}$ Louis sur 150. : c'est $3\frac{11}{15}$ pour cent. Mais si Jacques porte ses $155\frac{2}{5}$ Léopolds d'or aux Monnoyes de France, en les supposant droits de poids, ils font $5\frac{14}{75}$ marcs, qui, à raison de 678. livres 15. sols chacun, font .... 3520. l. 9. s.

Nos 150. Louis ne faisoient que 5. marcs &... 3393. l. 15. s.

Par conséquent Jacques gagne 126. l. 14. s. sur 3393. l. 15. s. c'est $3\frac{73}{100}$ pour cent; ainsi il y a du bénéfice à échanger nos vieux Louis contre des Léopolds d'or. Ce bénéfice eſt produit par la diſproportion qui eſt en Lorraine, entre la valeur de ce vieux Louis & du Léopold, & par celle qui eſt en France entre la valeur de cet ancien Louis & celle du nouveau Louis.

Il n'y a donc que de la perte à apporter des Léopolds d'or de Lorraine en France, & il y a au contraire du bénéfice à porter des Louis d'or vieux & nouveaux en Lorraine, & en rapporter des Léopolds en ſuppoſant qu'on les remarque, & qu'on les vende ce qu'ils valent réellement par rapport à notre Monnoye.

D'où il ſuit, que la faveur que donne la Lorraine à nos Eſpeces en les faiſant valoir plus qu'elles ne valent réellement, par rapport à celles du pays, ne lui eſt pas avantageuſe, puiſque le bénéfice de $7\frac{1}{4}$ pour cent lui peut cauſer l'enlevement de ſon or. C'eſt la réponſe que j'avois à faire à la queſtion que fait l'Auteur de l'Eſſai politique ſur le Commerce, à la pag. 197. de ſon Livre.

ARTICLE IV.

Où l'on examine, ſi ce fut l'augmentation des Monnoyes, qui en 1709. fut le ſalut de l'Etat.

En 1709. dit l'Auteur de l'Eſſai politique ſur le Commerce page 202.* » on augmenta » les Monnoyes d'un quart, » par une refonte générale. » Deux objets principaux dé-

* Page 196. de la ſeconde édition.

» terminerent. Le premier, le » profit du Roy par le grand » droit de Seigneuriage : l'au» tre, l'extinction des Billets de » Monnoyes, qui, pouvant » être pendant quelque tems » le soutien de la Finance, » en devenoient la perte par » l'imprudent usage qui s'en » faisoit.

Après ces paroles, l'Auteur continue ainsi: »Cette augmentation » fut le salut de l'Etat, moins » par ces deux raisons que par » une troisiéme, qui n'avoit » point été prévûe : C'est que » par cette augmentation, les » engagemens des Banquiers & » des Entrepreneurs s'acquitte» rent entr'eux, parce que le » Roy s'acquitta du plus pressé, » & l'imposition en devint » moins onéreuse, parce que

» le prix des Denrées aug-
» menta.

On va voir, à ce que j'espere, que ce ne fut point du tout l'augmentation des Monnoyes, qui mit le Roy en état de s'acquitter du plus pressé, ni les Banquiers & les Entrepreneurs en état de s'acquitter entr'eux, & qu'elle ne fut rien moins que le salut de l'Etat.

En effet, cette augmentation de Monnoyes, les nouvelles rentes que l'on créa sur l'Hôtel de Ville, les augmentations de gages, qui furent attribuez à différens Officiers, & dont on fit des traitez particuliers, & les autres expédiens ordinaires de Finances, ausquels on s'attacha d'abord, auroient été une foible ressource, si par un bonheur auquel on ne s'attendoit pas, les vaiſſeaux qui avoient été dans la Mer du Sud, n'étoient heureuſement arrivez dans les Ports de France. Feu M. Deſmareſts, alors Controlleur Général des Finances, nous apprend dans le Mémoire qu'il a donné de ſon adminiſtration, page 13. *Qu'ils avoient dans leur bord pour plus de trente millions de matieres d'or & d'argent. On propoſa aux intereſſez dans leur chargement*, dit ce Miniſtre, *de porter toutes ces matieres aux Hôtels des Monnoyes, & d'en prêter la moitié au Roy, pour laquelle on leur donna des aſſignations ſur les recettes générales, & l'interêt à dix pour cent. L'autre moitié leur fut payée comptant pour le payement des équipages des Vaiſſeaux, &c.*

Les Billets de Monnoye, qui ſubſiſtoient toujours, cauſoient un grand deſordre dans le Commerce. Pour les éteindre, on crut devoir profiter des matieres, que le retour de ces Vaiſſeaux rendoient abondantes dans les Hôtels des Monnoyes, pour faire une refonte généıale, & fabriquer de nouvelles Eſpeces. Il fut ordonné par Edit du mois de Mai 1709. regiſtré le 14. & publié le 18. que les Louis d'or de 32 au marc, frappés en vertu de l'Edit du mois d'Avril précedent, regiſtré le 22. auroient cours pour 20 livres, au lieu de 16 livres 10 ſols, & les écus de 8 au marc pour 5 livres, au lieu de 4 livres 8 ſols.

C eſt-là ſans doute l'augmentation du quart, de laquelle notre Auteur parle. (*a*) Elle ne

[*a*] Page 202. de la premiére édition, & 196. de la ſeconde.

porte, comme on le voit, que ſur les Louis d'or de 32. au marc & ſur les Ecus de 8 au marc, fabriquez en vertu de l'Edit du mois d'Avril. Cette augmentation avec cela, changea la proportion en œuvre, de 15e. qu'elle étoit en 16e. parce qu'en mettant le Louis d'or à 20 livres, il falloit mettre l'Ecu à 5 livres 6 ſols 8 deniers. Pour garder la même proportion, où elles étoient avant ce ſurhauſſement : ou bien en mettant l'Ecu à 5 livres, il ne falloit mettre le Louis d'or qu'à 18 livres 15 ſols. Le deſordre, cauſé par cette augmentation, nous auroit été nuiſible, ſi on n'y avoit pas remédié par une autre refonte, ordonnée par l'Editdu mois de Mai 1709.

Les Louis d'or, que cet Edit de Mai ordonna defabriquer , sont de 30 au marc : ils ont passé pour 20 livres chacun, & les Ecus de 8 au marc, pour 5 livres. Ces Louis d'or sont plus forts de poids que ceux de 32 au marc, & ils ne valent cependant pas davantage ; ce qui produisit une diminution sur l'or, qui rétablit la proportion 15e. entre cette nouvelle Monnoye d'or & d'argent.

Avant cette augmentation, le Roy n'avoit aucun fonds dans ses coffres, le Ministre même le donne à entendre à la page 12. de son Mémoire, par ces termes. *La rigueur de l'hyver, la disette des grains, firent resserrer l'argent plus que jamais : cependant il falloit pourvoir aux dépenses de la guerre, &c... Dans une si triste situation, on n'avoit pas la liberté de choisir des moyens qui pussent sûrement*

& promptement produire de l'argent pour les dépenſes. Suivant le diſcours de ce Miniſtre, il eſt clair que le Roy n'avoit aucun fonds dans ſes coffres lors de cette augmentation : c'étoit pour en avoir, qu'il eut recours aux expédiens de Finance, auſquels il s'attacha avant l'arrivée des Vaiſſeaux. Or ſi le Roy n'avoit point de fonds lors de cette augmentation d'Eſpeces, comment ſe peut-il faire que Sa Majeſté y ait gagné de quoi acquitter le plus preſſé, & qu'elle ait été le ſalut de l'Etat, comme le dit notre Auteur ? Je conçois qu'elle a pû produire quelque augmentation dans le prix des Denrées, & par-là procurer un peu plus de facilité à payer les impoſitions, & par conſéquent à en faire le recouvrement. Je veux encore qu'elle ait fourni

aux négocians chargés de Billets de Monnoye, & qui avoient des engagemens, les moyens de les passer en plein. Il est certain malgré tout cela, que le Roy & l'Etat y ont plus perdu dans la suite, comme on espere le démontrer sensiblement ci-aprés(*a*), & que ce ne fut point cette augmentation, qui mit le Roy en état de s'acquitter du plus pressé, de retirer du public pour quarante-trois millions de Billets de Monnoye & d'autres papiers, & de rétablir la circulation des Especes (*b*). Car cette augmentation n'étant que sur les Especes fabriquées, en vertu de l'Edit du mois d'Avril, & cette fabrication ayant été interrompue par celle du mois de

(*a*) Art. 7. de ce Chapitre. Application 1. 2. & 3.

(*b*) M. Desmarest, page 15.

Mai suivant, il est évident qu'il y a eu très-peu d'Especes frappées en conséquence de cet Edit d'Avril, & conséquemment que l'augmentation tant vantée par l'Auteur de l'*Essai politique*, n'ayant porté que sur peu d'Especes, n'a jamais pû produire les bons effets qu'il lui attribue, & encore moins être le salut de l'Etat. Ces bons effets ne peuvent donc raisonnablement s'attribuer, qu'à l'emprunt de quinze millions avancés par les intéressez, dans le chargement des Vaisseaux dont on vient de parler, & au bénéfice que fit le Roy sur le travail des Monnoyes, qui suivant l'aveu qu'en fait le Ministre même (*a*), produisit un fonds actuel de 11,370,773 livres d'argent comptant, outre les quarante-

[*a*] Page 18. & 19. de son Mémoire.

trois millions de Billets de Monnoye, qui furent retirez du public.

Cette refonte du mois de Mai 1709. fut d'autant plus considérable, que l'on mit les porteurs des Billets de Monnoye dans la nécessité de faire leurs efforts, pour se procurer cinq fois autant d'Especes ou de matieres qu'ils avoient de ces Billets, parce qu'on en recevoit un sixiéme dans les Hôtels des Monnoyes, avec cinq sixiémes d'Especes ou de matieres.

Ces deux seuls articles font d'abord 26,370,773 livres d'Especes, & si à cette somme on joint les produits de la nouvelle création des rentes sur la Ville, celui des augmentations de gages attribuez à différens Officiers, les avances qui furent faites par les Fermiers, Receveurs & autres, qui prêterent leur argent & leur crédit (*a*), & enfin la recette journaliere des revenus du Roy, lesquels, malgré les prétendues facilités procurées par l'augmentation numéraire en question, ne produisirent cette année que 38,162,827 livres (*b*), on aura un total avec lequel Sa Majesté paya le plus pressé, rétablit la confiance, le crédit & la circulation des Especes : c'est à cela qu'il faut attribuer le salut de l'état, & non pas à l'augmentation des Monnoyes, à laquelle le Roy n'a pû gagner qu'un peu de facilité au recouvrement de ses revenus, qui, malgré cela, furent très-foibles cette année, comme on vient de le

[*a*] Mémoire de M. Desmarest, page 18.
[*b*] Idem, page 17.

voir; car lors de l'augmentation, Sa Majesté n'avoit aucun fonds dans ses coffres.

Pour être encore plus convaincu de ce que je dis, écoutons le Ministre même : voici le discours qu'il tient, page 18. *Et pour parler plus juste, on fit subsister par une espece de miracle, les Armées & l'Etat en* 1709. *au moyen des avances qui furent faites par les Fermiers, Receveurs & autres, qui prêterent leur argent & leur credit.*

Il n'est-là question d'aucun bénéfice fait sur l'augmentation des Monnoyes : si le Roy y avoit gagné quelque chose, le Ministre l'auroit sçû, & il l'eût dit certainement : Il dit bien au même endroit, que le travail des Monnoyes produisit un fonds actuel de onze millions, trois cens soixante-dix mille, sept cens soixante-treize livres: mais ce travail des Monnoyes est autre chose que le sur-haussement; ainsi de ce que le Ministre ne met en ligne de compte aucun bénéfice fait sur l'augmentation des Monnoyes, je conclus qu'il n'y en eut point, & conséquemment que cette augmentation n'a pû être le salut de l'Etat, comme le dit l'Auteur de l'*Essai politique sur le commerce*; au contraire, on verra ci-après (*a*) qu'elle lui a été onéreuse.

ARTICLE V.

Dans lequel on examine si la diminution des Monnoyes causa les banqueroutes arrivées en 1714. *& dans les années suivantes.*

L'Auteur de l'*Essai politique sur le Commerce*, dit à la page 203. (*b*) » qu'à la paix,

(*a*) Chap. 3. art. 2.
(*b*) Page 197. de la seconde édition.

» la premiere opération fut la
» diminution des Especes, sans
» aucune attention à la dette
» du Roy. Supposons-la, (dit-
il,) de cent cinquante mil-
» lions annuels à quarante
» francs le marc, c'est trois cens
» cinquante mille marcs à payer
» annuellement (*a*). Lorsque le
» marc fut diminué à trente li-
» vres, la dette augmenta de
» cent cinquante mille marcs
» annuels. (*b*) Aussi la misere
» & le discrédit devinrent tels,
» que nous n'avons point d'e-
» xemples de plus de banque-
» routes, que dans le années
» 1714. 1715. & 1716.

Je ne nie point que ces di-

[*a*] 150 millions à 40 livres le marc, font 3 millions 750 mille marcs.

(*b*) Elle augmenta de douze cens cinquante mille marcs; car 150 millions, à 30 livres le marc, font 5 millions de marcs, qui surpassent 3 millions 750 mille marcs, de 1250 mille marcs. Ainsi le calcul de l'Auteur n'est pas juste, ou je ne l'entends pas.

minutions n'ayent eu de mauvaises suites; car encore un coup, je crois que la saine politique ne permet pas que l'on touche à la valeur des Monnoyes une fois bien établie : mais pour faire voir que ce ne fut pas la diminution des Especes, qui fut la principale cause de la misere, du discrédit & des banqueroutes, dont parle l'Auteur de l'*Essai politique sur le Commerce* ; rappellons-nous la situation dans laquelle étoient les finances de l'Etat à la mort de Louis XIV. nous y trouverons des sources de tous ces Malheurs beaucoup plus prochaines. C'est tout ce que j'entreprens de faire voir dans cet article.

ETAT DES FINANCES à la mort de Louis XIV.

Nous savons tous dans quel

effroyable desordre étoient les finances à la mort de Louis XIV. ou au commencement de la Régence ; & que la maniere dont elles avoient été administrées depuis l'année 1683. avoit peut-être fait autant de mal à l'Etat, que les dépenses immenses qu'avoient exigé les deux dernieres gueres. On ne s'attachoit qu'à tirer de l'argent des Peuples, sans aucuns égards aux dommages qu'en recevoient les biens fonds, le commerce & l'industrie des Sujets. Cette conduite produisoit des effets ausquels on ne s'attendoit certainement pas : elle donnoit à l'argent après lequel on couroit, une valeur dangereuse qui en privoit ceux qui le cherchoient, & qui ôtoit aux biens fonds, au commerce & à l'industrie une valeur avantageuse qui auroit toujours

toujours fourni de l'argent (*a*).

Les Peuples ſont toute la richeſſe du Roy ; c'eſt-là qu'eſt ſon véritable tréſor : mais ce tréſor eſt bien-tôt épuiſé, ſi on n'a pas une attention perpétuelle à leur procurer les moyens de le remplir, en favoriſant le Commerce & la conſommation, & en repouſſant le Traitant & l'Uſure : car c'eſt le Commerce & la conſommation qui fourniſſent aux Peuples les moyens de payer. Si l'un & l'autre diminuent, leurs moyens de payer diminuent auſſi dans le même rapport. Dès-là, toute opération de finance nuiſible au Commerce eſt pernicieuſe. Elle produit dans l'État le même deſordre, que la conduite de celui qui vit ſur ſon capital, produit dans ſon propre bien.

[*a*] *Voyez ci-après, art. 6.*

Si on avoit ſuivi ces principes inconteſtables, on auroit procuré la circulation que demandoit la ſituation des affaires, & que le crédit ſeul pouvoit donner. Mais on prit des routes diametralement oppoſées : on n'avoit de reſſources que dans les gens d'affaires, & dans les mutations de nos Monnoyes. Par-là, on ſe rendit en quelque façon dépendant de ces mêmes gens d'affaires, qui ſentant le beſoin que l'on avoit de leurs ſecours onéreux, conduiſirent les Miniſtres & la Finance. Les avances qu'ils faiſoient au Roy, ſouvent des propres deniers de Sa Majeſté, & dont ils retiroient de très-gros interêts, les créations de rentes & de charges de toute eſpece, dont les gages, les priviléges & les exemptions, diminuoient encore les revenus du Roy, n'ont pas peu contribué aux malheurs dont l'Auteur parle, & à former la dette énorme dont l'Etat étoit chargé au commencement de la Régence.

On auroit trouvé dans les billets de Monnoye une véritable reſſource & un crédit ſalutaire, ſi peu de tems après leur naiſſance (*a*), on ne leur avoit pas attaché un interêt qui leur fit perdre la confiance (*b*). Un homme à qui l'on voit faire un commerce qui lui eſt onéreux, perd bien-tôt la confiance publique : s'il en fait un qui lui ſoit avantageux, il eſt ſûr de la conſerver. Ces billets n'étoient employés qu'à payer ; le Roy ne les recevoit point ; il

[*a*] Ils furent faits en vertu de l'Arrêt du Conſeil du 19. Septembre 1701.

(*b*) La Déclaration du 6. Octobre 1704. le fixe à 7 $\frac{1}{2}$ pour 100.

défendit au contraire de les recevoir en payement de ses droits (*c*) : ce n'étoit pas le moyen de les acréditer. En même tems il ordonna, qu'ils seroient reçûs, de particulier à particulier, même en payement des Lettres & Billets de Change, ainsi on n'en faisoit aucun usage avantageux. Malgré cela cependant, la confiance qu'on y eut d'abord, mit le Roy en état de payer une partie des dépenses de la guerre (*a*), quoique l'intérêt qu'ils produisoient, & la défense de les recevoir dans les recettes Royales annonçassent l'impossibilité d'en soutenir le crédit. Enfin, il fallut supprimer & perdre ce crédit. On convertit ces Billets en Ren-

(*a*) La même Déclaration.

(*b*) C'est le Roi qui le dit dans la Déclaration du 29. Mai 1706.

tes; on en reçut un sixiéme avec les cinq sixiémes de vieilles Especes, & de matieres d'or & d'argent dans les Hôtels des Monnoyes, lors de la refonte générale de 1709. à la faveur de laquelle on comptoit remédier au mal, que causoient ces Billets dans le Commerce (*a*).

Pour cet effet, on affoiblit la nouvelle Monnoye, en augmentant sa valeur numéraire, au point qu'on laissa entre le prix qu'on lui assigna, & celui des anciennes, une différence de vingt-trois pour cent (*b*). Cette différence ne manqua pas de réveiller la cupidité éclairée de nos voisins, en les invitant à la recherche & au transport de ces anciennes Especes, pour les remarquer aux coins des nouvelles, & ensuite nous les ren-

[*a*] Mémoire de feu M. Desmarêts, p. 14.
(*b*) Voyez ci-après, chap. 3. art. 2.

voyer : ce qui mit la France en défaut avec l'Etranger, indépendamment de cette différence énorme, qu'il gagnoit au préjudice du Roi & de l'Etat.

Feu M. Desmarêts nous dit à la page 17. de son Mémoire, que *le malheureux état où étoit le Royaume pendant l'année 1709. ne doit pas facilement s'effacer de la memoire des hommes.... Les Ordonnances expediées pour les dépenses de cette année montent à deux cens vingt-un millions, cent dix mille, cinq cens quarante-sept livres... Les revenus ordinaires n'ont produit que trente-huit millions, cent soixante-deux mille, huit cens vingt-sept livres.*

On fit revivre la caisse des emprunts, encore avec un intérêt qu'on ne put payer. Plus ce papier perdoit sur la place, plus on étoit obligé d'en faire, pour produire la somme d'argent dont on avoit beſoin ; & on le faiſoit, ſans s'appercevoir qu'en augmentant la quantité de ces Billets, on en affoibliſſoit la demande, en augmentant la méfiance, & on perdoit tout l'avantage qu'on auroit pû retirer de ce crédit bien conduit & bien ménagé.

On fit une multitude de Billets des Receveurs Généraux, de Marine, d'Uſtencilles & d'Aſſignations. La Caiſſe du ſieur le Gendre établie au commencement de 1710. s'attira de la confiance pendant quelque tems. Le Miniſtre des Finances (*a*) dit, » qu'elle avoit fourni aux dé- » penſes néceſſaires de l'Etat, » depuis le premier Janvier » 1710. juſqu'au mois d'Avril » 1715. & que les efforts qu'il

(*a*) M Deſmarêts, page 46. ſous les années 1714. & 1715.

» fallut faire pour trouver les
» fonds promis, & qui furent
» délivrez à la fin de Mars
» 1715. dans un tems où l'ar-
» gent commençoit à être fort
» resserré, ont été la cause que
» le crédit de cette Caisse est
» tombé; qu'on n'a pû le relever
» dans l'espace de quatre mois
» qui se sont écoulez jusqu'à la
» mort du Roy (*a*).

On établit le Dixiéme, qui donna d'abord de grandes espérances: mais son plus fort produit ne passa pas vingt-quatre millions (*b*). On eut recours à des Banquiers, avec de grandes promesses qu'on ne put exécuter.

En Octobre 1713. on convertit les Rentes de l'Hôtel de

[*a*] Cette Epoque tombe à la fin d'Avril 1715. car le Roy mourut le premier Septembre, quatre mois après.

[*b*] Mémoire de M. Desmarêts, page 25.

Ville en nouveaux contrats au denier 25. Celles qui avoient été acquiſes en Billets de Monnoye depuis le mois d'Avril 1706. furent réduites aux trois cinquiémes, auſquels on joignit les deux années d'arrérages (*a*). Enfin, on peut dire que tous ces tems-là ſe paſſerent à chercher le crédit ſans le trouver ; à prendre des engagemens que l'on ne rempliſſoit point, & à faire des Billets que l'on abandonnoit au diſcrédit.

D'un autre côté, les mutations de Monnoyes, auſquelles les Miniſtres eurent recours trop ſouvent, contribuerent encore au diſcrédit, & ſur tout *le haut prix de l'argent avoit porté plus de prejudice au Royaume*, dit le Roy dans le Préambule du fameux Arrêt de ſon Con-

[*a*] Idem, page 40.

ſeil du 21. Mai 1720. *que toutes les dépenſes auſquelles le feu Roy avoit été obligé pendant les différentes guerres.* Ces termes de Sa Majeſté réſulte de l'examen fait, en ſon Conſeil d'Etat, de la ſituation où le Royaume ſe trouvoit réduit, avant l'établiſſement de la Banque, comparée à l'état où il ſe trouvoit lors de cet Arrêt, dont le préambule nous préſente une peinture aſſez vive de l'état malheureux dans lequel étoit le Royaume à ſon avenement à la Couronne. Et par la Déclaration du 5. Juin 1725. pour la levée du Cinquantiéme, Sa Majeſté s'exprime ainſi : *Les dépenſes inévitables d'une longue ſuite de guerres, & les ſurhauſſemens d'Eſpeces ſuivis de diminutions lentes & annoncées, avoient tellement épuiſé les Finances lors de notre avénement à la Couronne, qu'outre la multi-*

plication extrême des Rentes créées sur tous nos differens Revenus ; dont les payemens étoient arrierez, il étoit dû des sommes considérables à toutes les parties de dépenses, & les Revenus de l'Etat étoient consommez d'avance pour plusieurs années, par des assignations anticipées.

Les onze diminutions faites successivement sur nos Especes, depuis le premier Décembre 1713. jour de la premiere, jusqu'au premier Septembre 1715. que se fit la derniere, & qui réduisirent le marc d'or monnoyé de 600. à 420 livres, & celui d'argent de 40. à 28 livres, furent en partie cause du défaut de circulation, & firent en cela presqu'autant de mal que les surhaussemens, dont parle Sa Majesté. Elles mirent notre Commerce pendant tout le tems de leur paſſage, qui fut très-long, dans un deſavantage continuel, avec l'Angleterre & avec la Hollande, comme on le verra ci-après, chapitre 3. L'Etranger, à qui on devoit de la Monnoye foible, fut rembourſé en Monnoye forte : ainſi on peut dire, que cette opération étoit auſſi avantageuſe à l'Etranger, qu'elle étoit ruineuſe à la France.

La principale cauſe du défaut de circulation venoit de l'affoibliſſement des Revenus du Roy, & de l'augmentation de ſes dépenſes (*a*) : il ne payoit ni les Financiers, ni les Négocians, deſquels il avoit emprunté des ſommes conſidérables; il leur accordoit des ſur-

[*a*] Voyez ci-après, chapitre 2. article 5. la comparaiſon des Revenus & des Charges de 1683. avec les Revenus & les Charges de 1715.

ſéances, ou des ſaufconduits contre leurs Créanciers : autre deſordre qui dérangeoit & troubloit encore extrêmement le Commerce, dans lequel on ne voyoit preſque plus d'argent. Le crédit, qui ſupplée à l'argent comptant, étoit entierement évanoui. Le diſcrédit étoit univerſel, le Commerce anéanti, la conſommation affoiblie de moitié, la culture des terres négligée, les ouvriers paſſoient chez l'Etranger. Enfin, le Peuple étoit déſolé, le Payſan mal nourri & mal habillé. Ainſi dès que le Roy ne pouvoit payer, ceux auſquels Sa Majeſté devoit ne pouvoient pas non plus s'acquitter : donc quand même il n'y auroit pas eu de diminution, il ſeroit néceſſairement arrivé des banqueroutes, par le défaut de circulation & de confiance.

La nobleſſe n'étoit pas mieux traitée : ruinée par les taxes & par les dépenſes de la guerre, ne tirant preſque rien du Roy, ni en penſions, ni en appointemens, elle ſe voyoit accablée par ſes creanciers. Les frais, les ſaiſies, les ventes de meubles, achevoient de ruiner tous les ſujets. Les ſujets devoient de leur côté, tandis que le Roy devoit du ſien. Les Terres, les Maiſons étoient ſaiſies en décret. Les Baux judiciaires rapportoient la moitié moins. Les Propriétaires ne trouvoient à vendre leurs Terres aux Financiers, qu'au denier 18. ou 20. De ſorte qu'une infinité de créanciers perdoient une partie de leurs créances.

Les gens de robe, ſans payement de leurs gages, étoient auſſi accablez de dettes. Les

Usuriers les plus modérez faisoient valoir leur argent communément douze à quinze pour cent. Rien n'étoit en valeur. Point de confiance, point d'espérance de pouvoir débrouiller ce cahos. Une défiance commune & réciproque engageoit ceux qui avoient de l'argent à le cacher, n'osant en faire aucun emploi utile. Les Fermiers payoient mal, parce que l'argent étoit rare, & cher par conséquent, & les Denrées à trop bas prix.

Cette injuste préférence, que la défiance commune & réciproque donnoit à l'argent sur les biens fonds, sur le Commerce & sur l'industrie du Royaume, abîmoit l'Etat : car les bons ou les mauvais effets de l'argent sur l'échange de nos biens, arts & fabriques, sont toujours proportionnez à la valeur de tous les biens réels d'un Etat, & à la valeur des Especes qui circulent dans cet Etat ; & comme le rapport qu'il y a entre ces deux valeurs est très-grand, la perte de cet état est aussi très-grande, lorsque l'argent n'y circule pas. Ce principe important sera développé dans la suite de ces remarques (*a*).

Les Effets Royaux & particuliers étoient dans un discrédit universel, les contrats sur la Ville perdoient plus de cinquante pour cent, les Billets d'ustenciles 80. & jusques à 90. pour cent.

Voici, par exemple, un fait véritable, que la postérité ne croira point. Le feu Roy, peu de tems avant sa mort, pour avoir huit

[*a*] Ce rapport est déterminé ci-après article 6.

millions d'argent comptant, dont il avoit un preſſant beſoin, fut obligé de ſe ſervir du crédit d'un particulier & de ſes aſſociez, & de négocier ſur la place & avec des Etrangers, pour trente-deux millions de Billets ou de Reſcriptions. Ce n'étoit pas la emprunter à quatre pour cent d'intérêt; c'étoit donner 400. en obligations, pour avoir 100 en argent: l'argent par conſéquent étoit quatre fois plus cher, ou plus rare que ces Effets.

Après de ſemblables opérations, il n'eſt pas étonnant que les Revenus du Roy ayent été conſommez pour trois ou quatre ans, & déléguez aux Receveurs, aux Fermiers, & à d'autres créanciers, ni qu'une telle conduite ait embarraſſé les biens & les perſonnes des particuliers, par des dettes réciproques qui les tenoient comme enchaînez. Il n'est pas difficile non plus de concevoir, que tant d'obstacles eussent enlevé aux biens fonds, au Commerce & à l'industrie, presque toute leur valeur naturelle, ni pourquoi le feu Roy avoit laissé l'Etat chargé de dettes prodigieuses, & les Finances dans un desordre si effroyable. L'Etat étoit effectivement à la veille d'un épuisement général : ce sont les effets funestes du défaut de confiance & de circulation.

Telle étoit la malheureuse situation du Royaume, lorsque Monseigneur le Duc d'Orléans se chargea de la Régence. Tous les desordres que nous venons de voir, nous montrent quel fut l'objet de son travail, & les difficultez qu'il eut à surmonter. Il n'étoit pas possible de remédier à de si grands maux, sans que quelques-uns en souffrissent. La difficulté de payer des dettes aussi prodigieuses que celles dont l'Etat étoit chargé, fit donner pour premier conseil au Régent, d'en faire *la banqueroute totale.* Le Royaume étant ruiné, lui disoit-on, il en faut sacrifier une partie pour sauver l'autre. On disoit que la partie créanciere de l'Etat, que l'on étoit d'avis de sacrifier, étoit moins à la partie qu'il falloit conserver, que n'est 1. à 600. qu'ainsi le plus grand nombre méritoit la préférence.

On lui donna pour second conseil, de faire faire une *revision générale* de tous les Effets qui formoient la dette de l'Etat, afin de le soulager par leur réduction.

Et enfin pour troisiéme conseil, on lui dit qu'il étoit nécessaire d'établir une *Chambre de Justice*, dont la recherche exacte des gens d'affaires lui produiroit, lui disoit-on, de quoi éteindre sept à huit cens millions de dettes.

Visa de 1715.

Le Régent rejetta les propositions de la banqueroute générale, qui auroit deshonoré l'Etat & le Roy à jamais. Mais par la Déclaration du 7. Décembre 1715. il fit établir au vieux Louvre, un Bureau pour la revision des promesses de la Caisse des emprunts, des Billets de le Gendre, de l'extraordinaire des guerres, de la Marine, de l'Artillerie,& autres. On retrancha jusqu'aux quatre cinquiémes sur certaines parties de ces Effets. La partie conservée fut échangée contre des Billets que l'on nomma *Billets de l'Etat.*

Le Roy même dans le Préambule de cette Déclaration, nous représente l'état fâcheux où étoit le Royaume : voici ses termes.

» A notre avenement à la
» Couronne il n'y avoit pas les
» moindres fonds, ni dans le
» trésor Royal, ni dans nos
» recettes, pour satisfaire aux
» dépenses les plus urgentes :
» & nous avons trouvé le Do-
» maine de notre Couronne
» aliéné, les Revenus de l'E-
» tat presqu'anéantis par une in-
» finité de Charges & de con-
» stitutions, les impositions
» ordinaires consommées par
» avance, les arrérages de tou-
» te espece accumulez de plu-
» sieurs années, le cours des re-
» cettes interverti, une multi-

» tude de Billets, d'Ordon-
» nances & d'assignations anti-
» cipées, de tant de natures dif-
» férentes, & qui montent à
» des sommes si considérables,
» qu'à peine en peut-on faire
» la suputation. Au milieu d'une
» situation si violente, nous n'a-
» vons pas laissé de *rejetter la proposition qui nous a été faite, de ne point reconnoître des engagemens que nous n'avions pas contractez, &c.*

Et par Edit du mois de Mars 1716. registré en Parlement le 20. on établit une Chambre de Justice, avec l'appareil le plus formidable, dans le dessein de réparer les desordres commis dans les Finances, & de réprimer l'abus, par la recherche la plus exacte des gens d'affaires.

Par la revision des Effets Royaux, & par les liquidations qui en furent faites alors, on trouva que le feu Roy devoit, en principal ou intérêts, *deux milliards, trois cens millions*, & tout n'étoit pas liquidé.

Le 1er. Septembre 1720. on publia un état général des dettes de l'Etat à la mort du feu Roy Louis XIV. (*a*), par lequel on voit que malgré la réduction de plus de 600 millions de différentes dettes, à *deux cens cinquante millions* de Billets de l'Etat portant 4. pour cent d'intérêt par an, on devoit encore, y compris ces mêmes Billets de l'Etat, *deux milliards, soixante-deux millions, cent trente-huit mille une livres*, & des intérêts au denier 25. pour

[*a*] Imprimé chez Coutelier, *in*-4°.

la ſomme de *quatre-vingt-neuf millions, neuf cens quatre-vingt-trois mille, quatre cens cinquante-trois livres.*

L'opération du VISA eſt fauſſe & malfaiſante, ſi en diminuant la quantité des Effets publics, elle diminue auſſi leur valeur; c'eſt-à-dire, ſi les Effets, conſervez après la réduction, valent moins qu'ils ne valoient avant. Or tout les *Viſas* du monde ſont néceſſairement dans ce cas, parce que leur véritable caractere eſt de décrier, d'avilir, & de ſupprimer la valeur de tout ce qui leur eſt ſoumis. Donc les *Viſas*, & toutes ces ſortes d'inquiſitions ſont des opérations fauſſes, & contraires au bien public.

Après celui ci, & après la réduction qui y fut faite de plus de ſix cens millions, à deux cens cinquante, ces 250 millions perdoient 40. à 50 pour cent, ce qui faiſoit à 40 pour cent, une valeur réelle

réelle & circulante de cent cinquante millions, ci . . . . 150,000,000.

Avant cette réduction, les effets réductibles perdoient 50. pour cent les uns dans les autres, il y en avoit pour plus de 600 millions, ce qui formoit aux porteurs propriétaires & à l'Etat une valeur réelle de trois cens millions circulans, ci . . . 300,000,000.

Par conséquent, les porteurs propriétaires & l'Etat ont perdu une valeur réelle de cent cinquante millions, donc cette opération avoit affoibli la circulation & le Commerce, dans le tems qu'il auroit été nécessaire au contraire de l'augmenter, & qu'on en avoit le plus de besoin: Donc l'Etat fut plus pauvre après cette opération, qu'il ne l'étoit avant, de . . . . 150,000,000.

Donc l'opération étoit fausse & contraire au bien des Particuliers & de l'Etat.

A l'égard de la Chambre de Justice, c'étoit encore une opération dont le succès étoit moralement impossible. Nous n'avons point d'exemple qu'une semblable inquisition ait jamais produit de quoi rétablir les affaires; elle ne rétablit tout au plus que celles des gens qui ont du crédit ou de la faveur, parce qu'ils vendent cherement leur protection. Pour le Roy, il n'en retire jamais rien. Ce Tribunal terrible, en jettant l'épouvante par tout, ne pouvoit produire, & ne produisit en effet, qu'un discrédit universel, & une diminution de la consommation & d'une moitié entiere des Revenus du Royaume. Ainsi ces sortes d'opérations seront toujours aussi honteuses pour le ministere, que ruineuses pour l'Etat. D'ailleurs, il y a de l'injustice de vouloir, par une voye odieuse, qui montre à toute l'Europe l'incapacité de ceux qui ont conduit les Finances, qui ôte tout crédit à la nation, & qui fait resserrer l'argent, reprendre des biens, qui n'avoient été acquis que du consentement, &

en vertu des traitez faits avec le Roy. S'il s'y étoit glissé quelques abus, c'étoit au Ministre sage à les réformer, en faisant punir les coupables suivant la rigueur des loix.

Il est donc clair, que bien loin de soulager les maux, on les augmentoit par ces deux opérations. Les Revenus du Roy qui diminuoient tous les jours, le Commerce, les arts & l'industrie, qui s'anéantissoient de plus en plus, en donnent des preuves sans réplique. L'usure seule fleurissoit; elle vendoit l'argent 20. 25. & 30. pour cent, sur les meilleures Lettres de Change.

On se borna ensuite à l'usage de cette maxime commune, d'*égaler les charges annuelles au revenu annuel*. La maxime étoit bonne; mais elle n'étoit pas suffisante pour rétablir les affaires, non plus que les réductions & les taxes qui avoient été faites; & qui loin de remédier au mal, l'avoient augmenté. Le Revenu du Roi se trouva trop foible par proportion aux charges annuelles, ensorte que faute de payement de l'intérêt des dettes, & du courant des autres charges, le discrédit vint sur les Billets de l'Etat, au point qu'ils perdirent bien-tôt 50. pour cent. Les contrats sur la Ville perdoient davantage encore, malgré la réduction à la moitié, des Rentes créées en 1714. & 1715.

Tout le travail du Conseil de Finance pendant ces deux années se réduisit donc à faire un *Visa*; à retrancher les dettes mobiliaires de l'Etat; à la réduction à moitié des rentes viageres des créations de 1714. & 1715. au retranchement d'une partie des penſions ; à l'augmentation des Eſpeces ; à l'établiſſement d'une Chambre de Juſtice, qui augmenta la miſere, & qui coûta plus qu'elle ne produiſit ; & enfin à impoſer des taxes ſur ceux qui s'étoient enrichis aux dépens du Roy & du Public ; ce qui augmenta encore le diſcrédit, & par conſéquent le défaut de confiance & de circulation ; & ces taxes ne furent utiles qu'aux gens de faveur ; car elles ne diminuerent point les dettes du Roy.

De tous ces faits il réſulte, que ſi on entre dans les conſidérations, que demandoit la ſituation fâcheuſe des Finances, on verra que ce ne fut pas la diminution des Eſpéces qui ſeule cauſa la miſere, le diſcrédit, &

les banqueroutes, dont l'Auteur parle. Ce fut le défaut de payement de la part du Roy ; défaut qui procedoit de la diminution considérable des Revenus de Sa Majesté. & cette diminution de ses Revenus ne fut pas causée par celle des Especes, qui ne commença que le premier Décembre 1713. mais *par la rigueur de l'hyver de 1709. par la disette des grains qui firent resserrer l'argent plus que jamais*, dit le Ministre même, page 12. & à la page 39. il dit encore que, *la stérilité de l'année 1709. & les mauvaises années qui l'ont suivie, ayant causé une grande diminution sur les Revenus du Roy, on ne put continuer, comme auparavant, le payement des arrérages ; on ne put même payer que six mois dans une année ; ensorte qu'il étoit dû deux années à la fin de 1713.*

De plus, il dit (*a*) que l'argent n'avoit commencé à se resserrer qu'à la fin du mois de Mars 1715. & même d'Avril; car il dit *quatre mois avant la mort du Roy*. Or en ce tems-là, des onze diminutions indiquées sur les Especes*, il y en avoit neuf de passées : il n'y en avoit donc plus que deux à essuyer, l'une au premier Juin, & l'autre qui devoit être pour le premier Août, & qui fut remise au 1e Septembre par l'Arrêt du 23. Juillet. Chacune de ces diminutions fut de dix sols par Louis d'or, & de deux sols & demi par Ecu.

Après cela, on ne doit pas attribuer à ces seules diminutions des Monnoyes tous les malheurs dont l'Auteur parle, puisque le Ministre même les

[*a*] Ci-devant pages 79. & 80.

attribue (*a*) au défaut de payement de la part du Roy, qui procedoit de la diminution considérable de ses Revenus ; & cette diminution étoit causée par la rigueur de l'hyver de 1709, par la disette des grains qui firent resserrer l'argent plus que jamais, par la stérilité de cette année & des mauvaises années qui l'ont suivie, & enfin par les efforts qu'il fallut faire pour trouver les fonds promis, & qui, à ce qu'il dit, furent délivrez à la fin du mois de Mars & même d'Avril 1715.

Je suis cependant persuadé, quoique le Ministre ne le dise pas, que ces diminutions d'Especes mirent notre Commerce dans un desavantage continuel pendant tout leur passage, qui dura depuis le 30. Septembre

[*a*] Page 12. 39. & 46. du Mémoire de M. Desmarest.

1713. qu'elles furent annoncées, jusqu'au premier Septembre 1715. & que dès-là elles ont dû contribuer à la rareté de l'argent, & par conséquent à l'avilissement des Denrées. Mais il est vrai aussi qu'elles ne furent pas plûtôt passées, que notre Commerce reprit le dessus. On verra dans le troisiéme chapitre, ci-après (*a*), qu'il devint avantageux dès les mois d'Octobre, Novembre & Décembre 1715. & au commencement de Janvier 1716. de six pour cent : ce qui prouve évidemment que ces diminutions firent beaucoup de mal pendant leur passage seulement. Il faut en convenir ; mais il ne faut pas non plus leur attribuer tout celui dont l'Auteur parle. On a vû dans l'exposition que nous ve-

(*a*) Art. 3. & 4.

nons de faire de l'état où étoient nos Finances à la mort du Roy, des sources bien plus prochaines de tous ces malheurs, qui est tout ce que j'avois dessein de montrer dans cet article.

Pour répondre à la supposition que fait notre Auteur à la page 203. (*a*) afin de montrer la perte que fait le Roi, lors d'une diminution de Monnoye, on observera, que si le Roy avoit ce qu'il doit dans ses coffres, lors d'une ou de plusieurs diminutions, elles lui seroient préjudiciables, comme l'Auteur le dit. Celles qui furent faites en 1724. en fourniront la preuve ci-après au troisiéme chapitre (*b*); mais comme en 1713. 1714. & 1715. sa Majesté n'avoit assurément pas de fonds dans ses Caisses, si on peut en

(*a*) Ou 197. de la seconde édition.
(*b*) Article 5.

croire le Ministre même; qu'elle reçoit toujours ses revenus, ses emprunts, &c. sur le pied & suivant le cours des Especes, lors de la recette ou de l'emprunt, & qu'elle paye sur le même pied; il est évident que la diminution ne lui cause aucune perte. Mais elle lui cause une non-valeur dans le recouvrement de ses revenus, qui altere la circulation & par conséquent le Commerce. Ainsi c'est une perte par contre-coup. D'ailleurs, pour rendre ces diminutions plus insensibles, le Roi les partagea de deux en deux mois, dans la vûe de mettre ses sujets en état d'éviter la perte, en faisant dans ces différens intervales des emplois convenables à leurs intérêts ou à leur Commerce : ainsi on eut tout le tems de se retourner, & le

Ministre des Finances bien mieux que tout autre.

Cette vûe étoit bonne ; mais je ne sçai pas si l'effet répondit trop bien à l'intention, & s'il n'auroit pas été plus à propos pour l'intérêt de l'Etat, de faire cette diminution tout d'un coup, & sans l'indiquer, que de la faire ainsi successivement & par parties, & de la continuer si long-tems. J'avoue que de cette sorte elle auroit plus touché les particuliers : mais ils n'en perdent pas moins, quoiqu'à différentes fois ; & je crois que l'Etat en auroit moins perdu, parce que les Etrangers auroient eu moins de moyens de profiter de ces diminutions (*a*). Il eût encore été plus convenable de ne faire

(*a*) Voyez ci-après, chapitre 3. article 4. à la fin.

aucune diminution, car tel eſt mon principe : IL NE FAUT PAS PLUS TOUCHER AUX MONNOYES, QU'AUX POIDS ET AUX AUTRES MESURES.

ARTICLE VI.

Dans lequel on examine, s'il eſt vrai que l'augmentation portée par la refonte, & par la réforme des Monnoyes ordonnée par l'Edit du mois de Décembre 1715. ſoutint les Finances en 1716. & 1717.

L'Auteur du Livre, qui fait le ſujet de ces remarques, dit à la page 205. & page 198. de la ſeconde édition : » que la » premiere Déclaration de la » Régence au mois de Novembre 1715. fut une aſſurance qu'il n'y auroit point » d'augmentation ſur les Eſ-

» peces ; mais le nouveau Mi-
» niſtre reconnut bien-tôt l'er-
» reur du préjugé ; car au
» mois ſuivant il fut ordonné
» une refonte à 40 livres le
» marc, qui n'étoit qu'à 30.
» Cette augmentation ſoutint
» les Finances en 1716. &
» 1717. malgré le diſcrédit que
» la Chambre de Juſtice entre-
» tenoit : c'eſt dans ce tems-là
» que commença la Banque,
» qui multipliant les valeurs,
» multiplia auſſi la circulation
» & la conſommation, & l'on
» commença à reſpirer en
» 1718.

Il eſt vrai, on promit par l'Arrêt du Conſeil du 12. Octobre 1715. que le prix des Eſpeces d'or & d'argent demeureroit fixé pour toujours & ſans aucun changement, ſçavoir le Louis d'or à 14 livres, & l'Ecu à 3 livres 10 ſols.

Malgré cette assurance, l'Edit du mois de Décembre 1715. ordonna une fabrication de nouvelles Especes d'or & d'argent, des poids, titres & remedes portez par l'Edit du mois de Mai 1709: les Louis d'or à 20 livres, & les Ecus à 5 livres.

Il ordonna en outre, que pendant le reste du présent mois & ceux de Janvier, Février & Mars 1716. les Louis & les Ecus de 1709. seroient portez aux Hôtels des Monnoyes, pour être réformez & convertis en nouvelles Especes, sans être fondus; & que ces Louis réformez auroient cours pour 20 livres, & les Ecus pour 5 livres, comme ceux de la nouvelle fabrique.

Ces Louis du mois de Mai 1709. à réformer furent reçûs dans les Monnoyes jusqu'au dernier Mars 1716. pour 16 livres, & les Ecus pour 4 livres : & au premier Avril le Louis fut réduit à 14 livres, & l'Ecu à 3 livres 10 sols.

L'article 10. de cet Edit leur donna cours dans le Commerce jusqu'à la fin de Janvier 1716. pour 16 livres le Louis, & 4 livres l'Ecu, & pendant Février & Mars pour 14 livres, & pour 3. l. 10 s. seulement.

Voilà donc en même tems, refonte, réforme & différens prix à une même Espece ; car celles à réformer étoient de même poids & de même titre que celles de la nouvelle fabrique ; ainsi nous fûmes dans le même desordre où l'on étoit sous Philippe le Bel, avec une Monnoye forte & une Monnoye foible. Est-il possible qu'un pareil desordre ait produit un aussi bon effet, que celui de soutenir les Finances en 1716. & 1717?

Cette réforme & cette nouvelle fabrication d'Especes étoient, à proprement parler, une vraye augmentation de leur valeur numéraire : L'une faisoit valoir le Louis d'or de 14 livres, 16 livres, & les Ecus de 3 livres 10 sols, 4 livres. Les mêmes Louis réformez passoient pour 20 livres, & les Ecus pour 5 livres, comme ceux de la nouvelle fabrique. En cet état je demande, quel est celui qui entendant un peu son compte, voudra donner 20 livres pour n'en recevoir que 14. pour les uns, & 16. pour les autres? Ou, ce qui est la même chose, quel est celui qui portera à la Monnoye 100 Louis d'or de 30 au marc à 14 livres chacun, pour n'en recevoir que 70. de même poids

& de même titre à 20 l. chacun, & 80. de 20 livres pour 100. de 16 livres ? Il n'y a tout au plus que le débiteur, pressé de s'acquitter, qui soit forcé de porter son argent à la Monnoye : mais toutes les autres personnes aimeront mieux garder leur argent jusqu'à ce qu'il s'offre des occasions plus favorables, ou que les nouvelles soient décriées, afin de gagner la partie de cet argent qui auroit été au profit du Roy, ou le faire passer en pays étranger, où l'on en donne toujours davantage, & où l'on ne manque jamais de le remarquer à nos coins. Ainsi c'est une très-grande faute en fait de Monnoye, que d'en fabriquer de nouvelles de même titre & de même poids que les anciennes ; parce que c'est procurer une grande faci-

lité à l'Etranger d'y faire le même bénéfice qu'y fait le Roy, en remarquant les anciennes aux coins des nouvelles. Le Roy même par l'Arrêt de son Conseil du premier Août 1716. registré le 12. dit, » qu'étant in-
» formé qu'en quelques en-
» droits on ramassoit secrete-
» ment les anciennes Especes,
» qu'on achetoit à plus haut
» prix que celui pour lequel
» elles étoient reçûes dans les
» Monnoyes; ce qui ne se pou-
» voit faire que dans la vûe de
» les réformer en fraude, ou de
» les transporter hors du Royau-
» me, &c. » Ecoutons encore sur cela ce que dit M. Bernard en ses Nouvelles de la République des Lettres, Mars 1704. page 346. » Il ne faut pas croire, *dit-il*, » que Louis XIV. ait
» profité de toute la réformation

» qu'il a fait faire de ses Mon-
» noyes depuis quelque tems :
» peut-être en a-t-on réformé
» autant hors du Royaume que
» dans les Hôtels des Mon-
» noyes de France. D'un coup
» de Marteau assez mal appli-
» qué sur une piece, on pou-
» voit gagner trente, quarante
» sols, & plus.

Avec ce coup de Marteau mal appliqué, on gagnoit ici 4 & 6 livres, en remarquant ces Louis de 1709. qui valoient 14 & 16 livres, & qui après ce coup de Marteau passoient pour 20 livres. Ce bénéfice étoit bien plus considérable, que celui dont parle M. Bernard. Ce qui montre bien que ces réformes sont de très mauvaises manœuvres que l'on devroit toujours rejetter. Aussi en découvre-t-on l'erreur, mais un peu tard. Il passa tant

de nos vieilles Especes en pays étranger, que par la Déclaration du 29. Août 1716. » on défendit l'entrée dans le Royau-
» me des Especes nouvellement
» réformées, afin d'arrêter la
» fausse réformation qui se fai-
» soit dans les pays étrangers,
» & de faire cesser la perte con-
» sidérable qu'elle faisoit à no-
» tre Etat : mais la défectuosité
» du poids & du titre de beau-
» coup d'Especes d'or fausse-
» ment réformées, qui ont été
» introduites, causant un de-
» sordre, auquel il est impor-
» tant de remédier, » on ordonna par Edit du mois de Novembre 1716. registré le 18. une refonte en or dans la Monnoye de Paris seulement, & qu'il y seroit fabriqué de nouveaux Louis d'or de 20 au marc au remede de poids de 20 grains par marc, & de $\frac{10}{32}$ de fin, lesquels Louis, eu-

rent cours pour 30 livres chacun.

Suivant l'article 4. de cet Edit, les Louis fabriquez ou réformez en vertu de l'Edit du mois de Décembre 1715. & de 30. au marc, sont reçûs dans les Monnoyes pour 20 livres. L'article 6. veut que les Louis dont la réformation a été ordonnée par cet Edit de Décembre 1715. soient reçûs pour 16 livres pendant le reste du présent mois de Novembre & tout Décembre 1716. & l'article 7. veut qu'au premier Janvier 1717. ils ne soient reçûs au marc qu'à raison de 472 livres 10 sols, comme ceux des précedentes fabriques.

Cet Edit du mois de Novembre 1716. ne remédie pas au mal : il nous laisse dans le desordre, où nous a mis celui du mois de Décembre 1715. puisque les Louis d'or de 1709. de 30. au marc non-réformez y sont fixez à 16 livres, & l'Ecu de 8. au marc à 4 livres, & les mêmes Louis réformez à 20 livres, & les Ecus à 5 livres. Il y avoit donc encore 4 livres de perte sur chaque Louis, pour celui qui les portoit aux Hôtels des Monnoyes. L'Arrêt du 30. Janvier 1717 registré le 3. Février nous apprend aussi, *que la fausse réformation des Especes continuoit de plus en plus dans le Pays Etranger*. Ainsi cette disproportion dans la valeur numéraire de ces Especes, de même poids & de même titre, nous laisse toujours dans le desordre d'une Monnoye foible & d'une Monnoye forte, comme l'on étoit sous Philippe le Bel: à cette différence près, que la disproportion étoit infiniment plus forte sous Philippe le Bel, & qu'elle a dû produire un plus grand mal.

Dans ces circonstances, on aima bien mieux cacher ses vieilles Especes jusqu'à un tems plus favorable, ou les faire passer en pays étranger, *où elles étoient alors reçûes* suivant le premier de ces Edits (*a*), *sur un pied plus avantageux que dans notre Royaume.* Si l'Espece reste cachée, c'est un fond qui devient inutile au Public, & même à ceux ausquels il appartient; ce qui altere la circulation, & par conséquent le commerce. Si elles passent chez l'Etranger, le bénéfice qu'il y fait est une perte réelle pour l'Etat, & son passage fait

(*a*) Page 4 de l'Edit de Décembre 1715. & l'Arrêt du premier Août 1716.

nécessairement baisser le Change au-dessous du pair, ce qui rend notre Commerce désavantageux, *& met hors de travail, tous ceux que cet argent transporté auroit pû occuper; ce qui diminue par conséquent le revenu & la valeur du pays, aussi-bien que ses Manufactures & le nombre de ses habitans* (*a*).

La preuve de ce fait résulte bien sensiblement du cours des Changes de ces tems-là. On verra dans mon troisiéme Chapitre ci-après (*b*), qu'avant l'augmentation des Especes portée par l'Edit du mois de Décembre 1715. registré le 23. le Change nous étoit avantageux de $2\frac{1}{5}$ à $4\frac{3}{10}$ pour cent. L'aug-

(*a*) Considérations sur le Commerce, & sur l'argent, par M. Law, page 83. Ce passage est encore cité ci-après, art. 8.

(*b*) Article 4. année 1716. mois de Janvier.

mentation le fit tomber à notre desavantage de 4 $\frac{4}{5}$ à 8 $\frac{4}{5}$ pour cent ; ce qui fait une différence à notre préjudice de plus de 10. pour cent. Voilà quel fut l'effet de l'augmentation, de la refonte & de la réforme ordonnées par l'Edit du mois de Décembre 1715. L'effet de cette opération, comme on le voit, est bien opposé à celui que lui attribue l'Auteur de l'Essai politique sur le Commerce, *d'avoir soutenu les Finances pendant* 1716. *&* 1717. Tels seront toujours les effets des surhaussemens des Monnoyes.

Il est en vérité bien étonnant de voir, que contre notre propre intérêt, nous travaillions nous-même à faire perdre à notre Commerce tout l'avantage que la nature & l'industrie de nos habitans lui donnent sur celui de nos voisins, & à le faire tomber dans un desavantage qui nous ruine.

On concevra aisément le tort infini que font à l'Etat les opérations de Finances, qui font resserrer l'argent en-dedans, ou qui le font sortir au-dehors, si on fait attention à l'extrême différence qu'il y a entre la valeur de tous les fonds de Terres, des Maisons, des Bâtimens, de l'Industrie & du Commerce du Royaume, & la valeur de toutes les Especes qui y sont. Car les bons ou les mauvais effets de l'Espece sur le Commerce, ou sur l'échange de nos biens, ou sur les arts & fabriques, sont toujours proportionnez à la valeur de tous les biens réels d'un Etat, & à la valeur de toutes les Especes qui circulent dans cet Etat. Or comme le rapport qu'il y a entre ces deux valeurs est très grand, la perte de cet Etat est aussi très-grande, lorsque l'argent n'y circule pas : c'est ce que nous allons essayer de rendre sensible.

M. le Maréchal de Vauban dans sa *Dixme Royale* (*a*) nous montre que les Revenus du Royaume montoient à la somme de	2,336,450,000.
Gœuvin de Rademont, Receveur des Fermes du Roy, dans son *Traité de la Dixme Royale* (*b*), dit que le Revenu annuel de tous les héritages du Royaume, Maisons, Bâtimens & Edifices, monte à	2,494,939,194.
TOTAL	4,831,389,194.
Le Revenu commun entre ces deux Revenus est donc .	2,415,694,597.

Le Revenu de tous les biens du Royaume montoit donc en

(*a*) Qu'il écrivoit en 1699. édition *in*-12. de 1707.

(*b*) Edition *in*-12. Liege 1715. page 149.

1699. qui est le tems où M. de Vauban écrivoit, au moins à deux milliards quatre cens millions (*a*). Alors le marc d'argent étoit à 30 livres 12 sols.

Il y a très-peu de biens-fonds qui produisent le denier 20. il y en a beaucoup même qui ne produisent pas le denier 30 : ils ne produisent aujourd'hui que le denier 35. ou 40. Au denier 20. la valeur de tous les biens

du Royaume seroit de .	48,300,000,000.
Au denier 25	60,375,000,000.
Au denier 30	72,450,000,000.
Au denier 35	84,525,000,000.
Au denier 40	96,600,000,000.
TOTAL	362,250,000,000.
La valeur commune seroit	70,450,000,000.

Mais pour ne pas grossir les objets, comptons-les au denier 25. sur ce pied la valeur de tous les biens du Royaume étoit environ de 60 milliards.

Alors il n'y avoit certainement pas 500 millions d'Espe-

(*a*) Ce Revenu reparti à 20 millions de personnes qu'il y a dans le Royaume ne donne à chacune que 120 livres de Rente, c'est 6 sols 8 deniers par jour : ce qui montre que ce Revenu n'est pas trop fort, & qu'il ne l'est pas même assez.

ces monnoyées en France, à 30 livres 12 sols le marc. Mais, toujours dans la vûe de ne pas grossir les objets, supposons qu'il y en eût 600. Ces 600 millions étoient aux 60 milliards, (valeur des biens-fonds, des Maisons, des Bâtimens, de l'Industrie & du Commerce du Royaume) comme 1. est à 100. c'est-à-dire, que ces biens valoient cent fois les Especes qui étoient dans le Royaume.

Or en 1716. & 1717. l'argent valoit 40 francs le marc: sur ce pied, les 600 millions supposez y être en 1699. en feroient 784 millions 313 mille livres, & plus; cependant il n'y en avoit pas 400. de circulans, puisque depuis la refonte ordonnée par les Edits des mois de Décembre 1715. & de Novembre 1716. jusqu'au dernier

Juillet 1717, il n'avoit été fabriqué, ou réformé dans les 28. Monnoyes qui travaillerent en France pendant ce tems-là, que 379 millions, 237 mille livres. Ainsi on peut dire que, sans comprendre l'Espece qui a dû entrer en France, au par-dessus de celles qui ont pû en sortir, depuis 1699. jusqu'en 1717. il n'avoit pas été refondu ni remarqué, en vertu de ces deux Edits, la moitié des Especes que nous avons supposé y être; & conséquemment, que l'autre moitié étoit resserrée ou passée chez l'Etranger; en un mot, qu'elle étoit dans l'inaction & sans mouvement; en sorte que la partie circulante avoit acquis une valeur plus que du double de celle qu'elle avoit avant ces opérations de Finances; ce qui produit nécessairement une diminution de plus du double sur les fonds, les Maisons, l'Industrie & le Commerce ; parce que moins il y a d'Especes dans un Etat, moins on en donne pour une chose ; & plus il y en a, plus aussi on en donne pour la même chose. D'où il suit, qu'en 1716. & 1717. on avoit pour une livre, ce que l'on payoit deux livres auparavant. Mais il y avoit cent fois plus de biens que d'argent.

Si tous ces biens étoient en vente, il s'ensuivroit évidemment, que pendant que l'argent acquerroit 1. de valeur, l'Etat perdroit 100 : mais comme tous ces biens ne sont pas en vente à la fois, quoiqu'alors il y en eût beaucoup, & peu d'acheteurs, supposons-en seulement un vingtiéme en vente : il sera de trois milliards. Les Denrées, les

Marchandiſes, & l'Induſtrie ſont journellement à vendre; elles valent au moins autant que les biens-fonds, c'eſt-à-dire, 30 milliards; ce qui fait 33 milliards, qui ſont aux 784. millions d'Eſpeces ſuppoſées en France en 1716. & 1717. comme 38 $\frac{1}{4}$ ſont à 1. Donc toutes les fois que l'argent acqueroit un de valeur, l'Etat perdoit 38 $\frac{1}{4}$ & plus, s'il y avoit moins d'argent qu'on ne le ſuppoſe. Ce qui montre, que plus l'argent eſt cher & rare, plus les biens diminuent de valeur.

Cette proportion établie entre la valeur des bien-fonds, de l'Induſtrie & du Commerce, & la valeur des Monnoyes qui ſont dans le Royaume, paroîtra exorbitante à ceux qui ne prendront pas la peine de comparer la valeur immenſe de tous ces biens, à la petite somme d'argent qui les doit tous représenter, & qui leur doit servir de juste mesure : mais ceux qui feront cette comparaison avec soin, connoîtront, par l'extrême distance qu'ils trouveront entre l'un & l'autre, que je n'ai point grossi les objets.

Tous ces biens, comme on le voit, ont peu de valeur, lorsque l'argent en a beaucoup, & c'est ce qui nous doit engager à ne pas souffrir cette injuste préférence, & à travailler sans cesse à diminuer la valeur de l'argent, en augmentant son mouvement & sa circulation, & non pas à la diminuer, comme nous le faisons par nos fréquentes mutations de Monnoyes, par nos Chambres de Justice, par nos *Visas*, & autres opérations de cette nature. Il seroit heureux pour l'Etat, que nous nous désabusassions pour jamais de ces opérations odieuses, qui ne font qu'augmenter le malheur public, par l'interruption qu'elles mettent dans le commerce & dans la consommation.

ARTICLE VII.

Dans lequel on tâche de répliquer aux reponses que l'Auteur oppose à ce qu'on objecte contre l'affoiblissement des Monnoyes.

L'Auteur du Livre qui fait le sujet de nos remarques, répond dans son seiziéme Chapitre aux objections que l'on fait contre l'affoiblissement ou le surhaussement des Monnoyes, qu'il protége. En voici deux seulement, telles qu'il les rapporte à la page 218. de ſon Livre, & page 209. de la ſeconde édition.

I. *L'exceſſive augmentation du prix des Denrées & des Marchandiſes.*

Le II. *que l'on reçoit moins d'or & d'argent des Etrangers qui achetent en France.*

Si ces deux premieres objections ſe trouvent bonnes, les quatre & cinquiéme le ſeront auſſi aſſurément : ainſi en répondant aux unes, c'eſt répnodre aux autres ; la troiſiéme n'eſt pas auſſi importante.

A la page 235. * l'Auteur répond à ces objections, en diſant : » La ſeconde objection » ſe détruit par la premiere ; » car puiſque les Denrées ſont » augmentées, ce doit être » dans la proportion de l'ar-

* Page 222. de la ſeconde édition.

» gent, qui est leur commune » mesure; ainsi cela est égal » pour l'Etranger qui paye en » poids & en titre : ou si les Den- » rées augmentoient dans une » proportion plus basse, cela se- » roit encore bien plus avanta- » geux au Royaume, puisque » le Roy pourroit dans un mo- » ment enrichir ses Sujets en » haussant les Especes; ce qui » multiplieroit les valeurs nu- » méraires pour les acheteurs, » sans augmenter le prix des » Denrées; & les vendeurs, qui » recevroient toujours la même » somme, n'y gagneroient pas » moins par la prompte & facile » vente de leurs Denrées. On » voit par-là combien ces obje- » ctions sont superficielles.

Dans ce discours, l'Auteur représente la Nation dans deux situations. Dans la premiere, il ſuppoſe que toutes les Denrées hauſſent à proportion de l'Eſpece ; c'eſt ce qui devroit arriver, & ce qui n'arrive jamais, du moins tout d'un coup. Mais en lui accordant ce fait pour un moment, quelle ſeroit l'utilité ou l'avantage de la Nation dans cette augmentation, qui alors n'auroit aucun effet, puiſque la Nation ne recevroit que le même titre & le même poids qu'elle auroit reçû avant l'augmentation des Eſpeces, laquelle en ce cas lui deviendroit inutile pour la recette, & très-onéreuſe pour la dépenſe, comme on va le voir bien-tôt?

Dans la ſeconde, il ſuppoſe que les Denrées augmentant dans une moindre proportion que l'Eſpece, ce ſeroit un moyen d'enrichir la Nation. Si ce moyen court & facile étoit admis, il n'y auroit aucun Prince qui ne pût l'employer.

Pour juſtifier les objections que l'Auteur trouve ſuperficielles, & répondre aux deux cas contenus dans ſon diſcours, je vais faire trois applications. Dans la premiere, je ſuppoſerai que les Eſpeces hauſſant d'un cinquiéme, ou de 20 pour cent, les Denrées hauſſent auſſi de 20. pour cent : c'eſt ſon premier cas.

Dans la ſeconde, que les Denrées ne hauſſent que de 10. pour cent, moitié moins que les Eſpeces. C'eſt le ſecond cas, où l'Auteur nous annonce de l'avantage.

Et dans la troiſiéme, que les Denrées reſtent au même prix qu'elles étoient avant le ſurhauſſement des Monnoyes.

Voilà tous les cas differens, qui peuvent arriver, & qui doivent nous montrer l'avantage que l'Auteur nous annonce dans le ſurhauſſement.

PREMIERE APPLICATION.

Les Eſpeces & les Denrées hauſſant de vingt pour cent.

Si les Denrées augmentent comme les Eſpeces, l'augmentation des Monnoyes devient inutile, parce qu'elle ne peut avoir l'effet déſiré.

I. EXEMPLE.

Si un Muid de Bled, ou de Vin ſe vend 200 livres, & qu'on hauſſe les Monnoyes d'un cinquiéme au-deſſus de leur valeur, le Muid de Bled ou de Vin, ſe vendra 240 livres, ſans être plus cher qu'auparavant;

c'eſt le hauſſement des Monnoyes qui augmente les comptes. Il en ſeroit de même des intérêts du Roy, & de ceux de tout particulier, ſi les Revenus augmentoient dans la proportion des Eſpeces; mais ces Revenus étant toujours les mêmes, & les Denrées augmentant d'un cinquiéme, ſuivant notre hypothèſe, il eſt clair que les dépenſes augmenteront conſidérablement tous les ans, & que cette augmentation ſera en pure perte.

II. EXEMPLE.

Je ſuppoſe que les Revenus du Roy ſont de 200 millions, & ſes Dépenſes annuelles de pareille ſomme; je ſuppoſe encore, pour rendre la choſe plus ſenſible, que Sa Majeſté ait 50. millions dans ſes coffres,

& que dans la vûe d'en gagner 10, elle hausse la valeur numeraire des Monnoyes d'un cinquiéme, comme le porte notre hypothése.

Il faut convenir que 10 millions ont un appas bien séduisant, sur tout dans un tems de besoin : mais il faut convenir de même, qu'il est aussi trompeur qu'éblouissant. Car il en fait perdre 10, 15, & peut être 20 au Roy tous les ans : cette vérité est sensible. Car les Denrées augmentant comme les Espéces, les dépenses de Sa Majesté suivront nécessairement cette augmentation, à l'exception néanmoins des Rentes sur l'Hôtel de Ville de Paris, des gages & pensions, de la solde des Troupes, &c. que le Roy paye dans les mêmes Especes qu'il reçoit, lesquelles dépenses supposées à

100 millions de livres, ou à 150, ſi l'on le veut ; car je cave toujours au plus foible & non au plus fort. Le ſurplus ſur lequel doit influer le ſurhauſſement étant de 50 millions, Sa Majeſté ne pourra les payer qu'avec 60 millions. Ainſi ſa dépenſe totale ſera tous les ans de 210 millions, & elle ne ſera pourtant que la même qui ſe faiſoit avec 200 millions avant le ſurhauſſement, Elle perd donc tous les ans dix millions par ce ſurhauſſement de Monnoyes, qui ne lui en a produit que 10 une fois pour toutes : d'où il ſuit, qu'en 20 années le Roy perdra une année de ſon Revenu, & ſe trouvera par-là au-deſſous de ſa dépenſe annuelle ; alors il faut par force anticiper ſur les revenus des années ſuivantes, leſquelles de-

viendront par là plus pesantes de dix millions par an, & peut-être de plus grandes sommes. Quelles pernicieuses ressources! Cet article est extrêmement intéressant pour les affaires du Roy, & pour celles du Public, qui n'y perd pas moins que Sa Majesté. Le Particulier, qui dépense toutes les années son revenu à sa table & à son entretien, perd tous les ans un cinquiéme de son revenu, à l'exception des gages de ses domestiques, & autres dépenses qu'il paye sur le même pied qu'il reçoit. Je crois une très-grande partie du Royaume dans ce cas, sans parler du Rentier qui y est pour le cinquiéme de ses rentes. Cette observation est veritable par rapport au Roy & à l'Etat; mais on conçoit bien que par rapport au Particulier, elle favorise le débiteur, ou le vendeur en lui procurant une plus grande valeur numéraire du prix de ses Denrées (ce qui le met en état de s'acquitter plus aisément) & elle ruine le creancier qui reçoit beaucoup moins qu'il ne lui est dû; ainsi ce que le debiteur gagne, le créancier le perd; ou ce que gagne le vendeur, l'acheteur le perd, & comme il y a plus d'acheteurs que de vendeurs, il y a plus de perdans que de gagnans. C'est la réponse que j'avois à faire au premier cas de l'Auteur. Je vais répondre au second, dans la seconde application qui suit.

Conséquence nécessaire.

Dès que mon revenu n'augmente point, & que la cherté des Denrées fait augmenter ma dépense, cette chérté de Denrées, & tout ce qui l'occasionne, m'est nuisible, & cette augmentation de dépense qui est en pure perte pour moi, ne sauroit m'être indifférente : ainsi l'augmentation numeraire demeure toujours contraire au Roy, & au Peuple, comme débiteurs. Ce qui est entierement opposé à ce que dit l'Auteur aux pages 212. & 217. de la premiere édition, & 204. 208. de la seconde.

SECONDE APPLICATION.

L'argent haussant de 20 pour cent, & les Denrées de 10. ; ce qui est le cas, que l'Auteur croit avantageux.

Je suppose que le revenu annuel de la France, tant en Denrées, qu'en Arts & Fabriques, soit de 1000 millions ou d'un milliard de livres ; je suppose aussi que son argent monnoyé soit de 600 millions, & que l'on hausse les Monnoyes d'un cinquiéme ou de 20 pour cent, alors l'argent qui seroit en France monteroit à 720 millions de livres : mais si les Denrées ne haussent que de dix pour cent, ou d'un dixiéme, cette somme de 720 millions ne vaudra pas plus à la nation, que ne lui auroit valu 660 millions avant le surhaussement, parce que cette somme n'acheteroit que la même quantité de Denrées : d'où il suit que par ce surhaussement on augmente la dénomination de l'espece de 120 millions de livres ; mais que cette somme comparée à la valeur de nos Denrées n'est en effet que 60 millions de livres. Donc la mesure avec laquelle on évalue les marchandises, étant haussée d'un cinquiéme, ou de 20 pour cent dans sa dénomination, & les marchandises ne haussant que d'un dixiéme ou de 10 pour cent, il est clair que la France perdra tous les ans 60 millions, ou la dixiéme partie de tout le commerce qu'elle fait avec l'étranger. Il en est de même des revenus du Roy, & de ceux de tout Particulier qui vendra ses biens-fonds : il recevra la dixiéme partie de moins qu'auparavant, soit qu'il le vende en argent, ou en denrées étrangeres. C'est le sentiment de feu M. Law, (*a*), qui pour prouver ce qu'il avance, prend la France & la Hollande pour exemple, & s'explique ainsi.

» En France la dénomina-

(*a*) Considérations sur le Commerce & sur l'argent, page 81. & suiv.

» tion

» tion de l'argent eſt plus hau-
» te que dans les autres Etats;
» mais elle n'empêche pas le
» tranſport de ſon argent.
» Lorſque le Louis d'or étoit à
» 12 livres, la balance étoit
» contraire à la France de 10.
» pour cent: ainſi on donnoit
» à Paris 110. Louis d'or pour
» en avoir 100. à Amſterdam
» de même poids & de même
» titre: & comme ils ne paſ-
» ſoient en Hollande que pour
» 9. Florins de Banque, on
» gagnoit 10. pour cent à les
» y tranſporter.

» Quand le Louis d'or a été
» à 14. livres, la balance ne leur
» a pas été moins défavorable:
» elle leur étoit toujours con-
» traire de 10. pour cent, &
» les profits du tranſport étoient
» toujours les mêmes: ainſi loin
» que ce hauſſement d'argent

» ait rendu la balance favora-
» ble aux François, au con-
» traire il leur a beaucoup nui ;
» car leurs denrées n'y haussant
» pas à proportion, ils les ont
» vendues à trop bas prix, &
» ont acheté celles des étran-
» gers beaucoup plus chere-
» ment qu'autrefois : ce qui fait
» non seulement que la balance
» leur est contraire, & qu'on
» transporte leur argent en plus
» grande quantité; mais elle met
» encore hors de travail tous
» ceux que cet argent transpor-
» té auroit pû occuper. Cela par
» conséquent diminue le reve-
» nu & la valeur du pays, aussi
» bien que ses Manufactures &
» le nombre de ses habitans. «

C'est ainsi que parloit feu M. Law au Parlement d'Ecosse en 1705. Toute la France sçait qu'il avoit médité sur cette matiere,

& qu'il l'entendoit très-bien. Ce qu'il dit ici est diamétralement opposé à ce que dit notre Auteur à la page 235. (*a*) de son livre ; que *si les denrées augmentoient dans une proportion plus basse que la Monnoye, cela seroit encore bien plus avantageux au Royaume, puisque le Roy pourroit dans un moment enrichir ses sujets en haussant les Especes.* Or cette seconde application est précisément dans le cas que l'Auteur dit être avantageux au Royaume, puisqu'elle suppose les denrées augmentées dans une proportion plus basse que l'espece ; cependant on vient de voir qu'il en résulte une perte réelle pour la Nation, de la dixiéme partie de tout le commerce qu'elle fait avec l'Etran-

[*a*] Page 223. de la seconde édition.

ger. Cela ne peut pas être pris pour un avantage à l'Etat. Si ce moyen étoit bon & véritable, il est trop prompt & trop facile pour n'être pas suivi; on ne verroit ni Princes ni Peuples nécessiteux; tout le monde seroit opulent, parce qu'il n'y auroit aucun Prince qui ne pût s'en servir.

TROISIÉME APPLICATION.

Les Especes haussant de 20 pour cent, & les denrées ne haussant point.

Le prix de nos denrées n'augmente jamais tout d'un coup dans le détail, soit dans les Foires, soit dans les Marchés, à proportion du surhaussement des Monnoyes; elles ne diminuent pas non plus tout d'un coup autant que les Eſpéces ; le Marchand & l'Ouvrier ont beaucoup plus de diſpoſition à augmenter les prix qu'à les diminuer. Je crois cependant que c'eſt l'abondance ou la ſtérilité des années, & l'utilité actuelle de ces denrées qui en regle les prix, (*a*) & que les Marchands en gros ne les vendent que les prix ordinaires, ou très-peu davantage : alors nous avons le déſavantage que nos denrées ſe donnent ailleurs à meilleur marché, & que nous achetons celles des Etrangers plus cherement.

EXEMPLE.

Le Marchand, qui avant le ſurhauſſement du 26. May

[*a*] Voyez ci-après, chapitre 3. article 6.

1726. avoit envoyé pour 300 livres de Marchandises de France en Hollande, & qui les y avoit vendues 216 ⅔ Florins, faisant, alors sur le pied du pair 65 deniers de gros argent courant, la somme de 400 livres de France, paroît y gagner 181 livres, 9 sols, 7 deniers; car les 216 ⅔ Florins valent après le surhaussement 481 livres, 9. sols, 7. deniers chez nous, attendu que ce surhaussement reduit le pair à 54 deniers de gros argent courant; mais la Nation ne gagne pas plus qu'elle ne faisoit, lorsque le retour ne montoit qu'à 400 livres, parce que ces 400 livres avoient alors la même valeur en Hollande, qu'ont actuellement 481 livres, 9 sols, 7 deniers, & y achetoient la même quantité de Marchandiſes étrangeres. Donc la Nation ne gagne rien par un pareil reglement ; mais elle peut y perdre beaucoup, comme on l'a vû par les deux précédentes applications, & par celle-ci.

Suppoſons encore, pour le prouver, que les Marchandiſes que nous tranſportons en Hollande, coutent 3 millions de premier achat, & que nous en retirions 4 millions de livres.

Suppoſons auſſi que les Marchandiſes étrangeres que nous conſommons, & nos dépenſes dans les Pays étrangers, montent à 4 millions 5 cens mille livres, & que nous redevions par conſequent 5 cens mille livres par la balance du Commerce.

Si l'on hauſſe la valeur numeraire des Monnoyes d'un cinquiéme, comme le veut l'Arrêt du 26. May 1726. & que les denrées restent au même prix comme nous l'avons supposé, alors les Hollandois avec les cinq sixiémes de 3 millions, qui sont 2 millions 5 cens mille livres, soit en argent, soit en Lettres de Change, soit en denrées, acheteront chez nous les mêmes denrées que nous leur vendons 4 millions de livres. Or les entrées, les sorties, & nos dépenses dans les Pays Etrangers, étant supposées monter à 4 millions 5 cens milles livres, la France redevroit une balance de 2 millions de livres, au lieu des 5 cens mille livres portées par notre supposition.

Cette verité est aisée à concevoir : nous vendons nos denrées au-dessous de leur valeur, parce que cette valeur est remplie & mesurée dans l'étendue du Royaume, par une Monnoye qui n'a pas en soi toute la réalité de la mesure qu'elle exprime. L'Etranger ne vend pas les siennes suivant le prix de nos Monnoyes. Il en veut avoir le même titre & le même poids d'or & d'argent qu'il en avoit avant le surhaussement, ou qu'il en pourroit avoir des autres Nations, & il a raison; c'est à nous de l'imiter. Mais il suit de-là, que l'Etranger qui enleve nos denrées sur le pied qu'elles sont évaluées dans le Royaume, n'en remplit pas la valeur envers nous. C'est ce benefice que trouve l'Etranger à enlever nos denrées, qui l'oblige pendant un temps seulement à en tirer une plus grande quantité qu'auparavant : mais s'il le fait, c'est sans nous apporter plus d'argent. Durant ce temps nous gagnons quelque chose par le Change, & notre Commerce alors paroît nous être avantageux : mais je ne crois pas que ce gain puisse balancer l'excédent de nos Denrées que l'Etranger enleve pour rien.

Pour me faire entendre, je suppose qu'un Negociant Hollandois employât tous les ans 100 marcs d'or à acheter de nos Marchandises avant le surhaussement des Monnoyes : il en retiroit 100 Balots, & depuis le surhaussement, avec les mêmes 100 marcs d'or, il en retire 120 Balots, si les Denrées n'ont pas haussé comme nous le supposons. Si elles ont haussé de 5 pour cent, il en retire 115 Balots, & si elles ont haussé de 10 pour cent, il en retire 110. Voilà donc dans le premier cas un Cinquiéme, dans le second trois Vingtiémes, & dans le troisiéme un Dixiéme de nos Denrées qu'il enléve de plus, & qui sont évidemment en pure perte pour nous. Croira-t-on que le profit que la Nation fait sur les 20, 15 & 10 Balots de plus grand débit, puisse égaler le quart seulement de la valeur de ces 20, 15 & 10 Balots, qu'elle perd évidemment?

C'est à ce problême que se réduit précisément toute notre question: la solution m'en paroît difficile; je l'attends de l'Auteur, avec la démonstration détaillée & instructive. En attendant, je crois pouvoir, en vertu des faits que je rapporte, en déduire ce PRINCIPE IMPORTANT. *Lorsque la Loy du Prince attribue aux Monnoyes qui ont cours dans le Royaume, une valeur qui excede celle de leur titre & de leur poids, ces Monnoyes exprimant alors une fausse valeur envers l'Etranger, qui n'admet en compte que le poids & le titre, deviennent contre nous une fausse mesure, dans l'évaluation des biens que nous échangeons au-dehors.* En effet si un Louis d'or est estimé 24 livres par la Loy, & qu'il ne renferme que pour 20 livres d'or suivant l'ancien pied, nous perdons 4 millions de livres sur 24 millions que la France fournit de ses Denrées au-dehors : c'est un Sixiéme en pure perte, c'est-à-dire qu'il entre en France un Sixiéme moins d'or & d'argent pour la même chose, qu'il n'y en entroit avant le surhaussement, & on enleve cependant la même quantité de nos Denrées. Ce fait soutient solidement la seconde objection, que l'Auteur apporte à la page 218. & qu'il dit à la page 286. (*a*) être superficielle.

De même, par une raison contraire, l'Etranger avec 20 millions s'acquitte envers nous de 24 millions qu'il nous devoit ; ce qui prouve évidemment que toute évaluation de Monnoye excedant sa juste valeur, produit & entretient une lézion énorme sur les équivalens que le Royaume fournit à l'Etranger ; car d'autant que l'évaluation de nos Monnoyes excede leur juste valeur, l'Etranger se soustrait à une partie de l'imposition des droits de sortie sur les Marchandises qu'il enleve de France, puisque pour s'acquitter envers nous &

[*a*] Page 209. & 223. ds la seconde édition.

du prix que ces Marchandises lui coutent de premier achat, & de l'imposition des droits perçûs dans le Royaume, ces deux valeurs sont également évaluées à notre préjudice par le cours du Change étranger, qui n'excéde jamais la valeur réelle de nos Monnoyes. Ainsi supposé que le droit de sortie soit fixé à 24 livres par le Tarif, l'Etranger n'en paye que 20, tant que nos Monnoyes seront reçûes dans les Bureaux à un si haut prix. D'où il suit, que pour nous acquitter envers l'Etranger d'une dette de 20 millions de livres, la France, qui doit rendre par le nombre des Especes monnoyées, qu'elle expose en payement, toute cette valeur réelle, rend vingt-quatre millions pour vingt. Ce fait est clair.

Il résulte donc de la premiere Application, que les Especes & les Denrées haussant également, & les Revenus ne haussant point, le Roy perd tous les ans au moins la vingtiéme partie de son Revenu, & la Nation beaucoup plus.

Il résulte de la seconde, où les Especes haussent de 20 pour 100. & les Denrées seulement de 10. que la France perd tous les ans la dixiéme partie de tout le Commerce qu'elle fait avec l'Etranger, & le Roy au moins la quarantiéme partie de son Revenu; ce qui est diametralement opposé à ce que dit l'Auteur, page 235.

Il résulte de la troisiéme, où les Especes haussent de 20. pour 100 & les Denrées, & les Revenus ne haussant point, que la Nation perd un cinquiéme des

Denrées que l'Etranger enleve pour rien ; le Roi, un cinquiéme de ses Droits & de toutes les dépenses qu'il est obligé de faire en Pays Etranger ; & qu'il entre en France un sixiéme moins d'or & d'argent qu'il n'y en entroit avant le surhaussement. *Ce qui soutient encore très-solidement la seconde objection, que l'Auteur dit être superficielle.*

Voilà tous les cas qui peuvent arriver, & qui devroient nous montrer l'avantage que l'Auteur nous annonce dans le surhaussement des Monnoyes. Nous n'y trouvons au contraire qu'un désavantage très-considérable, qui ne nous permet pas de nous rendre à ce qu'il dit à la page *194. & à la conséquence qu'il dit résulter de ses principes, page 237. numero 2. *Que la*

* Pag. 190. & 224. No 2. de la seconde éd.

valeur des Monnoyes ayant hauſſé d'un à plus de ſoixante, ſans avoir alteré ni le Commerce, ni la Finance, il conclut qu'elle eſt indifférente à l'un & à l'autre. C'eſt à lui à prouver ſa conſéquence, & à nous montrer en quel cas il trouve ce ſurhauſſement de Monnoye avantageux au Roy & à l'Etat.

En attendant cette preuve de ſa part, je vais encore lui préſenter une réponſe faite par feu M. Law à une objection en faveur du ſurhauſſement des Monnoyes : elle eſt auſſi ſenſible qu'elle eſt déciſive ; on la trouve à la page 87. de ſes conſidérations ſur le Commerce & ſur l'argent : voici l'objection & ſa réponſe.

» Quelques perſonnes ſont » pour le hauſſement des Mon- » noyes, parce que, diſent-

» ils, alors on transporteroit
» plus de nos Denrées; ce qu'on
» ne fait pas présentement, à
» cause du peu de profit qui
» revient de leur transport.
» Exemple : la valeur de 100
» livres de Serge ne se vend
» en Hollande que 120 livres.
» Or, qui en veut faire le trans-
» port à 20 pour cent de pro-
» fit? Mais si la Monnoye étoit
» haussée, & que la Serge ne
» haussât pas à proportion,
» avec 100 livres on acheteroit
» pour 120 livres de Serge, &
» cette somme valant en Hol-
» lande 144 livres, on n'auroit
» plus de répugnance d'en faire
» le transport.

M. Law répond ainsi à cette objection : » Mais c'est la même
» chose, que si un Marchand
» qui a cent différentes sortes
» de Denrées, & à qui on offri-

» roit 30 pour cent sur 90 es-
» peces de ses Marchandises, &
» 10 pour cent sur le reste,
» augmentoit d'un quart ses
» poids, ses mesures, & ses au-
» nes, & vendoit ses Marchan-
» dises au même prix qu'aupa-
» ravant : il perdroit par ces
» expédiens, & de même fera
» toute Nation qui haussera ses
» Monnoyes.

Cette réponse de M. Law demande plus de jour; qu'il me soit permis d'expliquer ici comment je la conçois.

En supposant que les cent sortes de Marchandises ayent coûté cent livres chacune, les 90 sortes feront 9000 livres, ausquelles ajoûtant un bénéfice de 30 pour cent, qui est 2700 livres, on aura . . . 11700 livres.

Les dix sortes de reste à 100 francs l'une, valent 1000 livres, ausquelles joignant 10 pour cent de bénéfice, qui font 100 livres, on aura . . . . 1100.

Ce qui produit une somme de . . . . 12800.

Il n'eſt pas naturel de penſer qu'un Négociant faſſe ſa perte lui-même. Cependant ſi celui-ci augmente d'un quart ſes poids, ſes meſures & ſes aunes, ſans augmenter ſes Marchandiſes, comme le dit M. Law, il eſt certain que toute cette augmentation, qui eſt d'un quart, ou de 3200 livres ſur les 12800 livres ci-deſſus, ſera en pure perte pour lui, & voici comme je le prouve.

Augmenter d'un quart ſes poids, ſes meſures & ſes aunes, ſans augmenter ſes Denrées, ou diminuer le prix d'un quart, c'eſt préciſément la même choſe; ainſi au lieu de les vendre 100. il ne les vend que 75. Or à ce prix, les 90 ſortes ne lui produiſent que 6750 livres, auſquelles joignant 30 pour cent de profit, qui font 2025 livres, on n'aura que . . . . 8775 livres.

Les dix ſortes de reſte lui valent 750 livres, & les 10. pour cent 75 livres; ce qui fait . . . . 825.

Partant il ne reçoit que . . 9600.

C'eſt-à-dire, que par cette manœuvre il perd . . . . . . 3200.

qui est tout son bénéfice, & de plus, 400 livres de son déboursé.

Ainsi fera toute Nation qui haussera ses Monnoyes, si à même tems elle ne hausse ses Denrées à proportion de l'argent.

Et si au contraire on ne suit pas à la lettre les termes de M. Law, & qu'au lieu d'augmenter d'un quart les poids, les mesures & les aunes, on entend que ce Marchand les falsifie d'un quart à son profit, ou qu'il les diminue, il est clair que de 100 il fera 125. & qu'il gagnera ce quart, qui est ici de 3200 livres, puisque

Diminuer d'un quart, ses poids, ses mesures & ses aunes, sans diminuer les Denrées, ou augmenter leur prix d'un quart, c'est exactement la même chose ; ainsi au lieu de les vendre 100. il les vend 125 Or à ce prix les 90 sortes lui produisent 11250 livres, ausquelles joignant 30. pour cent, qui font 3375 livres, on a . . . 14625 livres.

Les dix sortes de reste valent 1250. & les 10. pour cent 125. ce qui fait . . . . . 1375.

Ce qui lui produiroit une somme de	16000.
Il n'en devoit avoir que . .	12800.
Partant il gagne	3200.

Cette seconde explication ne suppose pas, comme la premiere, que le Marchand fasse sa perte de gayeté de cœur; mais elle procure un bénéfice évident, & M. Law a voulu faire sentir une perte : ainsi cette derniere explication ne peut pas lui convenir : La premiere est la véritable : elle nous montre que hausser les Monnoyes pour procurer le débit des Denrées, c'est se tromper lourdement. Thomas Mun (*a*) est aussi de ce sentiment; ce qui est opposé au principe que donne l'Auteur de l'*Essai politique*, à la page 238. de la seconde édition, où il dit

(*a*) Trésor du Commerce, chap. 8. pag. 88. & 89.

que, *l'augmention des Monnoyes, pour ſoulager le Laboureur accablé, eſt neceſſaire.*

L'affoibliſſement des Monnoyes, tel qu'il ſoit, altere tellement leur circulation, & le commerce par conſéquent, qu'auſſitôt que dans un Etat bien policé, & où on donne au commerce toute l'attention qu'il mérite, il s'eſt gliſſé de cette Monnoye affoiblie, que l'on peut dire être fauſſe, l'Etat même la doit retirer à ſes dépens, en la recevant du Peuple ſur le même pied qu'elle lui a été donnée. Cela eſt d'autant plus juſte, que le ſujet n'a ni le pouvoir, ni l'autorité d'empêcher le cours de ces ſortes de Monnoyes, & qu'il ne ſeroit pas raiſonnable qu'il en ſouffrît la perte. Ce qui ſe paſſa à Veniſe en 1603. (que l'on peut lire dans André Morosini, livre 14. page 641. ou dans Amelot de la Houssaye, tome premier, page 221.) en fournit une belle preuve; aussi-bien que ce qui se passa en Angleterre sous Guillaume III. & qu'on peut lire dans Larrey, tome 4. page 762. & 764. & dans la Bibliotheque choisie de le Clerc, tome 6. page 384. & suivantes. On y fit au milieu d'une terrible guerre une réforme dans la Monnoye, qui se trouvoit dans un très-mauvais état, parce qu'elle avoit été si fort rognée sous les régnes précedens, qu'elle étoit diminuée de plus d'un tiers de son véritable poids. Ce qui faisoit que l'on croyoit avoir ce que l'on n'avoit pas; car quoiqu'elle n'eût point été haussée par aucune autorité publique, elle valoit néanmoins dans le commerce un tiers de de plus que son poids ne le permettoit, ce qui faisoit le même effet que le surhaussement, & ruinoit le commerce en diverses manieres. M. Loke avoit remarqué ce desordre, & afin d'engager la Nation à y remédier, il disoit : » qu'il y avoit » un mal en Angleterre, auquel » personne ne prenoit garde, » & qui causoit plus de dom- » mage à la Nation, que ceux » desquels on avoit le plus de » peur, & que si on ne remé- » dioit pas à la Monnoye, on » seroit ruiné par cela seul, » quand même tout le reste » iroit bien.

Pour exciter la Nation à y prendre garde, il publia en 1692. un petit traité intitulé, *Considérations de conséquence sur la diminution de l'intérêt de l'argent, & l'augmentation du prix de la Monnoye.* Il fut l'un de ceux qui contribuerent le plus à faire comprendre au Parlement, qu'il n'y avoit point d'autre moyen de ſauver le commerce d'Angleterre, qu'en faiſant refondre la Monnoye, ſans en hauſſer le prix aux dépens du Public; pour cela il compoſa encore un petit Livre, qui renfermoit de *nouvelles conſidérations touchant l'augmentation du prix de la Monnoye.* Il le publia en 1695. Ce traité & quelques autres, furent réimprimés l'année ſuivante, ſous le titre de *Papiers touchant la Monnoye, l'Interêt, & le Commerce.*

Bouteroue, auquel l'Auteur page 175. nous renvoye, dit à la page 151. dans ſes Obſervations : *que le ſurhauſſement de Monnoyes eſt un moyen dangereux; que c'eſt un chancre qui ronge,*

& qui ruine petit à petit, faisant que l'on reçoit moins d'argent en vendant, parce qu'il encherit toutes choses.

Il résulte de cet article, ou des trois précedentes applications, que les revenus & les Denrées s'évaluant par l'argent, on ne sauroit hausser la valeur numéraire de l'argent, ou l'affoiblir en façon quelconque, sans hausser à même tems, & dans la même proportion, les revenus, & les Denrées : autrement tout affoiblissement de Monnoye sera toujours onéreux au Roy & à la Nation, comme je viens de le montrer. Et si on fait ce que je dis, en haussant le revenu & les Denrées comme l'argent, l'affoiblissement n'aura d'autre effet que celui d'augmenter les comptes, sauf l'exception faite ci-devant à la premiere application, page 140; tout le reste se trouvera tel qu'il étoit avant l'augmentation, qui dès-là devient inutile & sans effet ; ce qui prouve qu'il n'en faut jamais faire, & que l'argent étant l'instrument nécessaire de nos échanges réciproques, & la mesure qui regle la valeur des biens changés, il ne faut pas plus y toucher qu'aux autres mesures, soit que l'imposition suffise à toutes les Charges de l'Etat, ou qu'elle ne suffise pas, ou soit que les recouvremens des impositions se fassent avec faciliié ou avec peine. (a).

J'espere faire voir d'une maniere sensible & touchante, ci-après, qu'il est plus avantageux à la Nation & au Roy même,

(a) Essai politique, page 198. & 270; seconde édit. pag. 192. 193. & 396.

de prendre les ſecours, dont Sa Majeſté peut avoir beſoin, ſur toute autre choſe que ſur une mutation de Monnoye. (*a*)

Juſqu'ici je ne vois pas qu'il y ait beaucoup de reſſemblance entre le ſentiment de l'Auteur & le mien. Je n'y vois au contraire que de l'oppoſition, & c'eſt cette oppoſition qui m'a fait entreprendre ces remarques, pour les lui communiquer. J'eſperois que la réponſe, que j'attendois par écrit, ſoutenue de faits concluans, détaillés, & appliqués au ſujet d'une maniere inſtructive, m'ameneroit à ſon ſentiment, comme il me l'avoit promis : au lieu de cette réponſe promiſe, il m'a fait l'honneur de me dire en public, que nous penſions uni-

[*a*] Voyez chapitre 3. article 4. & article 6.

formément. Si cela est, il a changé de sentiment depuis les deux éditions de son Livre. (*a*) Car pour moi je n'en ai point changé depuis mes lettres; au contraire je suis de plus en plus persuadé que toutes les fois que nous ferons quelque mutation dans nos Monnoyes, soit en haussant, soit en baissant leur valeur numeraire, soit en les reformant, ou enfin en les refondant pour en fabriquer de nouvelles, & que pour procurer du bénéfice au Roy,

[*a*] La seconde édition de ce Livre, publiée plus de neuf mois après que j'ai adressé mes Lettres à l'Auteur, contient, comme la premiere, les mêmes raisonnemens que je combats ici: ainsi il y a lieu de penser que l'Auteur persiste dans son sentiment. Il en a même ajouté une autre dans cette seconde édition, qui fait pour moi: j'en fais usage à la fin du deuxiéme chapitre de ces remarques: ce qui prouve que nous ne pensons pas uniformément.

on laissera entre le prix de l'ancienne Espéce & celui de la nouvelle une différence trop grande ; l'Espéce la moins prisée restera cachée jusqu'à une occasion favorable, où elle passera chez l'Etranger (*a*). C'est ce qui arriva après les refontes des mois de May 1709. Decembre 1715. Novembre 1716. & Janvier 1726. Ces deux cas en font naître deux ou trois autres bien dangereux, expliqués ci-devant. (*b*) L'un & l'autre de ces deux cas ne sçauroient donc être avantageux au Roy ni à la Nation, mais seulement à l'Etranger. *L'Auteur* nous en donnera lui-même une preuve invincible dans l'article suivant. Le

[*a*] Voyez-en la preuve, chapitre 3. article 4.

[*b*] Chapitre 1. art. 6. pag. 120. & suivantes.

fait dont il s'agit m'avoit écha-
pé dans mes Lettres : il me donne gain de cause sur tous les
précédens ; le Lecteur en va
juger.

ARTICLE VIII.

De la proportion dans les Monnoyes. C'est le titre de l'onziéme Chapitre (a) de l'Auteur, page 175.

» LEs Historiens, ceux mê-
» me qui ont écrit spe-
» cialement des Monnoyes,
» confondent presque toujours
» (au moins dans leurs raison-
» nemens) l'augmentation nu-
» meraire avec la dispropor-
» tion entre les Espéces, ou le
» droit excessif du seigneuria-

(*a*) Il est le treiziéme de la seconde édition, & à la page 174.

» ge pris par nos Rois dans les
» fabrications.

» Les Ecus se subdivisent
» en demis & en quart du mê-
» me titre & du poids propor-
» tionné ; ensorte que celui qui
» a dix écus, ou vingt demi
» écus, ou quarante quarts, a
» la même valeur en poids &
» en titre . . . C'est ce qui s'ap
» pelle, *proportion exacte dans*
» *les Monnoyes.* Idem sur l'or
» & sur le billon. « Ainsi s'expri
me l'Auteur de l'Essai politique.

Ce n'est pas ici où nous sommes d'accord ; car ce que l'Auteur appelle, *proportion exacte dans les Monnoyes*, n'est autre chose qu'une distribution ou une subdivision du Louis d'or ou de l'Ecu en leurs parties. Si ces parties égalent précisément leur tout en poids & en titre, la distribution est exacte & bien faite. Si elles ne l'égalent pas, elle eſt inexacte & mal faite : alors il y a diſproportion entre le tout & ſes parties ; mais cela ne s'appelle pas proportion dans les Monnoyes. Ce que dans les Monnoyes on appelle proportion, eſt toute autre choſe. Comme l'Auteur n'en dit rien, & qu'il eſt important de ne le pas ignorer, j'en dirai deux mots par occaſion ci-après, & j'en déduirai des principes ſimples & importans, que je n'ai vû en aucun endroit.

A la page 177. (*a*) l'Auteur en continuant s'explique ainſi. » Que dans un beſoin » de l'Etat un Miniſtre imprudent permette pour une » ſomme à des Traitans de faire des quarts d'Ecus d'un ar-

[*a*] Page 176. de la seconde édition.

» gent moins fin de la moitié
» que celui des Ecus, & ce-
» pendant de la valeur nume-
» raire d'un quart d'Ecu, en-
» sorte que pour quatre quarts
» on paye la valeur d'un Ecu. «
» Il est évident (ajoute l'Auteur) » qu'un payement qui se
» fera en quarts d'Ecus, ne con-
» tiendra que la moitié de l'ar-
» gent qui se fera en Ecus.
» L'habile Negociant & l'E-
» tranger feront leurs paye-
» mens en quarts d'Ecus, &
» tâcheront de recevoir en
» Ecus, qu'ils feront refondre
» en quarts, avec profit de
» moitié. Le Roy ne sera plus
» payé qu'en quarts d'Ecus,
» & ce qu'il aura tiré de cette
» fabrication tournera à sa per-
» te & à celle de l'Etat, en
» faveur de l'Etranger. «

C'est ici que nous pensons

uniformément pour la premiere fois sur les Monnoyes. Il est évident que diminuer de moitié le titre ou le poids d'une piéce quelconque de Monnoye, ou de toutes les Espéces ensemble, sans en diminuer le prix ; ou surhausser de moitié leur valeur numeraire ; sans augmenter leur titre ou leur poids, c'est exactement la même chose pour l'effet, parce que c'est toujours faire passer cette Monnoye pour moitié plus qu'elle ne vaut réellement. Ainsi les Historiens, dont parle l'Auteur, ont pû confondre sans erreur l'augmentation numeraire avec cette disproportion entre la partie & son tout, & même entre les touts, ou la masse entiere des Monnoyes, puisque l'effet de l'un & de l'autre est précisément le même.

Or ſi dans le cas propoſé par l'Auteur, l'habile Negociant & l'Etranger font leurs payemens en quarts d'Ecus affoiblis, & qu'ils reçoivent en Ecus, qu'ils font refondre en quarts, avec profit de moitié, que le Roy ne ſoit plus payé qu'en quarts d'Ecus, & que ce qu'il retire de cette fabrication tourne à ſa perte & à celle de l'Etat, en faveur de l'Etranger, comme le dit l'Auteur, je dis que le déſordre & le déſavantage eſt bien plus grand encore, lorſque dans nos refontes ou fabrications de Monnoyes, qu'on ne fait jamais que pour procurer un avantage au Roy, on laiſſe entre l'Eſpece ancienne & la nouvelle une différence de 20. à 30. pour cent; parce qu'alors la diſproportion eſt ſur toute la maſſe des Eſpéces monnoyées tant d'or que d'argent, au lieu qu'ici elle n'eſt que ſur une très-petite partie de l'Ecu, & de la maſſe entiere des Monnoyes qui ſont dans le Royaume. Alors, dis-je, l'habile Negociant & l'Etranger font de même leurs payemens en nouvelles Eſpéces néceſſairement affoiblies, & ils tâchent auſſi de recevoir ce qui leur eſt dû en vieilles Eſpéces, dont le tranſport eſt infiniment plus facile qu'en quart d'Ecus, leſquelles vieilles Eſpeces ils font refondre en nouvelles avec profit. En ce cas, comme dans l'autre, le Roy n'eſt payé qu'en nouvelles Eſpeces affoiblies, & ce qu'il retire de ces fabrications tourne également à ſa perte & à celle de l'Etat, en faveur de l'Etranger : cela n'eſt pas douteux. Ainsi l'Auteur me fournit ici une preuve invincible, que le surhaussement de la valeur numeraire des Monnoyes, qu'il conseille, (a) *tourne* toujours *à la perte du Roy & à celle de l'Etat en faveur de l'Etranger*, c'est aussi mon sentiment, & ce que j'avois entrepris de lui prouver par mes observations.

Si on fait l'augmentation sans refonte ni fabrication de nouvelles Espéces, comme l'Auteur le desire, page 237. n°. 4. il n'y aura alors aucune disproportion, l'Espéce, quoiqu'affoiblie sera uniforme dans sa valeur : mais si les Denrées & les revenus ne haussent pas com-

(a) Essai politique, page 237. n°. 3. & pag. 270. 202. & 205. pag. 224. n°. 2. 3. & 4. pag. 396. 196. & 198. de la seconde édition.

me l'argent, le Roy & la Nation y perdront considérablement, comme je l'ai prouvé dans l'article précédent ; & si les Denrées & les revenus haussent comme l'argent, le haussement des Espéces devient inutile & sans effet, sauf l'exception mise ci-devant à la fin de la premiere application, art. 7. pag. 140. commme je l'ai dit aussi, pag. 171. 172. à la fin de l'article précedent, & encore ci-après, chap. 3. art. 6. Ainsi de quelque côté qu'on se tourne, on voit toujours le surhaussement des Monnoyes ruineux au Roy & à l'Etat.

Il est donc vrai de dire, que dans un pressant besoin il sera toujours infiniment plus avantageux à Sa Majesté & à l'Etat d'avoir recours à quelque autre moyen, & même à une imposition paſſagere & proportionnée aux forces d'un chacun. Si les peuples la peuvent ſupporter (*a*), ils la doivent payer ſans répugnance, parce que fût-elle, encore un coup, du centiéme, du cinquantiéme, du quarantiéme, du trentiéme, du vingtiéme, du dixiéme, & même du cinquiéme de leur revenu, elle ne leur ſera jamais ſi onéreuſe qu'une mutation dans les Eſpéces. Cette impoſition paſſagére, telle qu'elle ſoit, ſeroit d'un ſecours beaucoup plus prompt pour le Roy, que la mutation de Monnoye; car le recouvrement de cette impoſition ſe peut faire dans l'année, au lieu que la mutation de Monnoye en demande pluſieurs.

[*a*] Voyez la fin de l'article 4. du chapitre 3. ci-après.

Aux pages 180. & 181. (*a*) l'Auteur s'explique encore de cette maniere. » La levée du » droit de Seigneuriage, qui a » toujours appartenu au Roy, » seroit préjudiciable à l'Etat, » s'il étoit assez fort pour met- » tre entre l'argent vieux, ou en » masse, & l'argent nouveau, » une disproportion telle, que » l'Etranger trouvât quelque » profit considérable dans la re- » fonte, parce qu'alors il ache- » teroit l'argent vieux, qu'il » payeroit en nouveau refondu » chez lui. « C'est ce que j'ai dit ci-devant; ainsi l'Auteur me donne gain de cause encore.

La levée du droit de Seigneuriage, que prend le Roy sur la fabrication des Monnoyes, n'est pas la seule chose qui mette

[*b*] Pag. 178. & 179. de la seconde édition.

là diſproportion entre l'argent vieux & l'argent nouveau. Il faut y joindre encore les frais de braſſage, & même les remédes de poids & de Loy : alors cette différence entre l'argent vieux & le nouveau eſt nommée *Traite*. Elle eſt toujours aſſez forte, pour mettre entre l'eſpéce vieille & la nouvelle une différence, qui fait trouver à l'Etranger un bénéfice de 10. 12. & 15. & quelquefois 20. pour cent, en achetant nos vieilles eſpéces, & en les payant en nouvelles refondues chez lui. A la refonte de 1709. qui, ſelon l'Auteur, fut le ſalut de l'Etat, cette différence étoit de 23 $\frac{1}{13}$ pour cent (*a*) : à la refonte & reforme du mois de Décembre 1715. cette différence

[*a*] Ci-après chap. 3. art. 2.

étoit de 25. pour cent (*a*) : à celle du mois de Novembre 1716. elle étoit encore de 25. pour cent (*b*) : à celle du mois de Janvier 1726. cette différence fut d'abord de plus de 22. pour cent. L'Arrêt (*c*) du 26. May la diminua en hauſſant les vieilles Eſpéces de 30. pour cent, & les nouvelles ſeulement de 20 ; ce qui raprocha de 10. pour cent le prix des anciennes de celui des nouvelles, & réduiſit par conſéquent le bénéfice de l'Etranger ou cette différence à 8. & 9 pour cent, qui eſt encore trop forte. Faut-il un plus puiſſant attrait pour inviter l'Etranger, & nos Negocians même qui entendent le Change, à faire paſſer nos vieilles Eſpeces en Pays étranger ?

[*a*] Ci-après, chap. 3. art. 4.
[*b*] Id. art. 6. [*c*] Id. art. 6.

Or ce transport fait nécessairement baisser le Change, & nous le rend désavantageux, en ce que nos vieilles Espéces étant refondues chez l'Etranger, & ensuite renvoyées en France, cet Etranger gagne sur nous ce que le Roy y auroit dû gagner, & comme dit M. Law (a), *Il met hors de travail tous ceux que cet argent transporté auroit pû occuper, ce qui diminue par consequent le revenu & la valeur du pays, aussi bien que ses manufactures & le nombre de ses habitans.* (b)

Ce cas, malheureusement pour nous, arrive toutes les fois que nous faisons des refontes ou des reformes dans nos Monnoyes,

[a] Considérations sur le Commerce & sur l'argent, page 83.

(b) Ce passage est déja cité ci-devant, chap. 1. art. 6. p. 121. mais on ne sçauroit trop le repeter.

parce qu'on ne les fait jamais que pour procurer au Roy les secours dont il a besoin, & qu'il seroit beaucoup plus avantageux de les chercher par tout ailleurs.

Si cette *Traite*, ou cette différence, qui comprend tous les frais de la fabrication, n'étoit pas dans la même proportion que ces métaux sont entr'eux, & que les frais sur l'un fussent plus forts par proportion que les frais sur l'autre, cette disproportion romproit entre ces métaux tout équivalent réel; ce qui seroit un désordre, parce qu'ils se mesurent réciproquement après la fabrication. Nos Anciens sentoient à merveille tout le poids de ce fardeau, je veux dire, tout le préjudice que leur causoient ces changemens de Monnoyes, au

commencement de la troisiéme Race de nos Rois : il y avoit des villes & des provinces entieres, qui pour avoir une Monnoye stable, accordoient au Roy un certain droit de trois ans en trois ans (*a*). Et le Blanc nous dit (*b*) : » Qu'aussi-tôt que Char-
» les VII. eût chassé les An-
» glois du Royaume, il com-
» mença à y rétablir l'ordre par
» le reglement des Monnoyes,
» & qu'il a vû dans un ancien
» manuscrit de ce tems-là, que
» le peuple se ressouvenant de
» l'incommodité & des dom-
» mages infinis qu'il avoit reçûs
» de l'affoiblissement des Mon-
» noyes, & du fréquent chan-
» gement du prix du marc d'or
» & d'argent, pria le Roy de

[*a*] Bibliotheque du Droit François de Laurent Boüchel, tome 2. pag. 770.

[*b*] Page 76.

» quitter ce droit, consentant
» qu'il imposât les Tailles &
» les Aydes, ce qui leur fut
» accordé : le Roy se reserva
» seulement un droit de Sei-
» gneuriage fort petit, qui fut
» destiné au payement des Of-
» ficiers de la Monnoye & aux
» frais de la fabrication. Un an-
» cien registre des Monnoyes,
» qui paroît avoir été fait sous
» le regne de Charles VII. dit
» que, *oncques puisque le Roy mest*
» *les Tailles des possessions des*
» *Monnoyes ne lui chalut plus.*

Ce qui nous montre que l'imposition fixe des Tailles & des Aydes fut substituée, à la place d'un ancien Droit, infiniment plus incommode, que n'étoient alors ces deux nouvelles impositions, le Peuple gagneroit beaucoup, je veux dire la Nation, si elle rachetoit du Roy, au moins pendant

pendant ſon regne, le Droit de Seigneuriage, que Charles VII. a réſervé à ſes ſucceſſeurs.

Je reprends le diſcours de l'Auteur, qui continue ainſi, à la page 189. *Cela a cauſé quelque perte à l'Etat pendant les dernieres guerres, les ſurachats en ont cauſé auſſi; mais c'eſt preſque toujours en faveur des François.* Ce diſcours eſt à la fin de celui qui eſt rapporté ci-devant: la page fait connoître ce qui précede.

Je n'entends pas bien ce fait, & je ne conçois pas que le cas propoſé par l'Auteur puiſſe jamais être favorable au François. Car ſi au lieu de porter ces vieilles Eſpeces aux Monnoyes, il les fait paſſer chez l'Etranger, il ne lui en donne pas plus qu'elle ne vaut; dès-là il n'y a point de ſurachat; au contraire, il partage avec cet Etranger le profit qu'auroit fait le Roy, s'il eût obéi à ses ordres; mais ce profit n'en sçauroit jamais être un pour le François; c'est seulement une diminution de sa perte, qui auroit été plus grande, s'il eût satisfait aux Loix & aux Edits de son Prince: donc il n'y a là aucune faveur pour le François.

L'Auteur entend peut-être par surachat l'augmentation de prix que donne le Roy à des particuliers qui proposent de porter aux Monnoyes de vieilles Especes, ou matieres, pour y être converties en nouvelles (*a*); mais ce cas est trop particulier pour être ici de quelque considération.

A la page 182. * l'Auteur finit

(*a*) C'est cela même: l'Auteur le dit dans sa seconde édition, page 229.

* Page 179. de la seconde édition.

ſon ſecond chapitre ainſi : *Nous pouvons dire en general que les plaintes des Peuples, ſur l'affoibliſſement des Monnoyes, regardoient la diſproportion dans l'affoibliſſement, ou le trop grand Droit de Seigneuriage, & non l'augmentation numeraire.*

Le Droit de Seigneuriage que prend le Souverain ſur la fabrication des Monnoyes, ſoit grand, ſoit petit, ou plûtôt la Traite, dont les Monnoyes ſont ordinairement chargées, ce qui comprend tout, affoiblit & hauſſe d'autant leur valeur numéraire ; ainſi les plaintes des Peuples ne pouvoient pas regarder plûtôt le trop grand Droit de Seigneuriage, ou la diſproportion dans leur affoibliſſement, que l'augmentation numéraire, puiſque l'effet de l'un & de l'autre eſt exactement le même. D'ailleurs, s'il n'y avoit point d'augmentation numéraire d'une Espece plus que l'autre, il n'y auroit aucune disproportion entr'elles, ni Droit de Seigneuriage par conséquent. C'est donc l'augmentation numéraire, ou l'affoiblissement de l'une plus que de l'autre, qui fait tout le mal, & qui occasionne les plaintes des Peuples, puisque sans cette augmentation numéraire, la disproportion, ou le trop grand Droit de Seigneuriage ne subsisteroient pas. Disons deux mots des proportions.

Nous avons quatre différentes proportions à considérer dans l'or & l'argent, sçavoir:

1°. Entre le titre de l'un & de l'autre de ces deux métaux.

2°. Entre la valeur numéraire donnée à l'un & à l'autre en œuvre & hors œuvre.

3°. Entre ces deux métaux en œuvre, c'est-à-dire, monnoyés.

4°. Entre ces deux métaux hors d'œuvre, c'est la matiere.

Comme notre Auteur ne parle que d'une distribution ou subdivision exacte du Louis ou de l'Ecu en ses parties, & que la connoissance exacte de ces proportions n'est pas moins importante, on me permettra d'en dire deux mots par occasion : j'en déduirai des principes importans qui en naissent naturellement, & que je n'ai vûs en aucun endroit.

DE LA PROPORTION dans le Titre.

Cette proportion dans le titre de ces précieux métaux, n'est pas moins importante que les autres, & il est bien dangereux de s'en écarter.

L'or & l'argent plus ou moins affinez ſont diſtinguez preſque par tout le monde, ſous le nom *de plus haut ou de plus bas titre*, & eſtimez ſelon ce titre, qui exprime leur fineſſe ou leur bonté intérieure; & on leur a donné différens degrez de bonté ou de fineſſe, pour marquer l'alliage, ou la valeur réelle de l'un ou de l'autre.

On donne à l'or le plus pur & le plus fin 24 degrez de bonté que l'on nomme *Carats*, & on diviſe le Carat en 32 parties, que l'on appelle *Trente-deuxiémes*, ainſi les 24 Carats contiennent 768 *Trente-deuxiéme*.

L'argent n'étant ni ſi rare ni ſi précieux que l'or, on n'a donné au plus pur & au plus fin que 12 degrez de bonté, que l'on nomme *Deniers*, & on diviſe chaque denier en 24 parties, que l'on nomme *grains.* Ainsi les 12 deniers contiennent par conséquent 288 *grains*, d'où je déduis ces deux principes fondamentaux.

I.

Que les degrez avec lesquels nous exprimons l'or le plus fin, sont aux degrez avec lesquels nous exprimons l'argent le plus fin, comme 768. est à 288. ou comme 8. est à 3. C'est-à-dire, que les Trente-deuxiémes de l'or, sont aux grains de l'argent comme 8. est à 3.

II.

Afin que l'or & l'argent soient exactement égaux en finesse, & que l'un ne puisse être préferé à l'autre, il faut que quelques allia-ges que l'on fasse, le fin qui reste en chacun de ces métaux, ou l'al-

liage qu'on leur ajoûte, ſoient toujours entr'eux dans ce rapport de 8. *à* 3. *ou de* 3. *à* 8. Si cela n'étoit pas, il reſteroit à l'un de ces métaux un avantage ſur l'autre, qui en occaſionneroit immanquablement la recherche, & par conſéquent le tranſport.

EXEMPLE.

Si un lingot d'or peſoit 24 marcs ou 24 onnces, & qu'après avoir paſſé par les eſſais du feu & de l'eau forte, il ne peſe plus que 22 marcs ou onces, on conclut que cet or étoit au titre de 22 Carats; qu'ainſi il avoit perdu deux degrez de ſa bonté intérieure, puiſqu'il renfermoit un Douziéme de ſon poids de métal étranger, & que les 22 marcs ou onces qui reſtent, étant ainſi purifiés ou affinés, sont de l'or à 24 Carats.

De même, si une masse d'argent pesant 12 marcs ou 12 onces, après avoir été mise au feu, pour en chasser tout le métal étranger qui peut s'y trouver, ne pese plus que 11 marcs ou 11 onces : on dit que c'étoit de l'argent à onze deniers de fin, lequel avoit perdu un degré de sa bonté intérieure, par le mêlange d'un Douziéme de cuivre, puisqu'il n'en reste que 11. de pur ou de fin, d'où je tire cette conséquence.

Que de l'or à 22 Carats, & de l'argent à 11 deniers de fin, sont égaux en finesse, en pureté, ou en bonté intérieure, chacun en son espece, puisque l'un & l'autre sont à une egale distance de leur plus haut degré de bonté, laquelle distance est un Douziéme, *& que les 704 Trente-deuxiémes* *que contiennent les 22 Carats, sont aux 264 grains que contiennent les onze deniers d'argent, comme 8. est a 3.* conformément au second principe. Ainsi ces deux métaux sont dans la proportion requise entre leur titre.

Lorsque les Princes ont déterminé le titre des matieres avec lesquelles ils veulent que leurs Monnoyes soient fabriquées, ils y mettent ensuite le prix & la valeur, non pas à leur fantaisie ni au hazard, mais de la façon la plus favorable à leur Peuple, ayant égard à la plus commune estimation du prix de ces métaux chez les Nations voisines, où leurs sujes font le plus de commerce, afin de conserver une égale valeur dans les échanges, que nous fournissons à l'Etranger, & que nous recevons de lui, & entretenir un rapport exact entre le prix essentiel de nos Monnoyes, & le cours du Change, qui n'est en soi que l'expression de leur juste valeur.

Pour l'entretien de ce commerce, l'argent est plus d'usage & plus utile que l'or ; c'est pourquoi on régle toujours le prix de l'or sur celui de l'argent, avec quelque différence dans leur rapport.

DE LA PROPORTION entre l'or & l'argent monnoyé & en masse, c'est-à-dire, en œuvre & hors œuvre.

Dans tous les Etats de l'Europe, & même du monde policé, les Monnoyes sont d'or & d'argent : mais comme l'or est plus rare, & plus précieux que l'argent, par tout une piece de Monnoye d'or, pesant une once, par exemple, achete & paye plusieurs Pieces de Monnoyes d'argent, pesant aussi une once chacune, & plusieurs pieces de Monnoyes d'argent achetent & payent une Piece de Monnoye d'or. D'où il suit.

III.

Que c'est la quantité d'onces, ou de Pieces de Monnoyes d'argent, pour acheter & payer une once, ou une Piece de Monnoye d'or, de même titre, ou de même finesse que celles d'argent, *qui détermine le* Rapport *ou la* Proportion, *qui se trouve entre l'or & l'argent.*

IV.

Que l'or & l'argent, ayant été de tout tems, en tous lieux, évaluez l'un pour l'autre, il est libre à tout le monde de payer ce qu'il achete, en Especes d'or, ou en Es-

peces d'argent, au prix & à la proportion reçûe & obſervée dans l'Etat ou l'on achete, & ſuivant l'ordonnance du Prince ſur le cours de ſes Eſpeces.

C'eſt de ce choix qu'ont les acheteurs de payer en Eſpeces d'or, ou en Eſpeces d'argent, & de la différence de *Proportion* que nos voiſins obſervent dans le cours de leurs Monnoyes, contre la nôtre, que naît la premiere cauſe du ſurhauſſement, ou de la recherche de l'une plûtôt que de l'autre, & enſuite le tranſport de celle, où l'on trouve le plus d'avantage, dans les Etats voiſins. Ainſi il y a une importante néceſſité de déterminer la *Proportion* entre ces deux métaux, avec tant d'égalité, que le prix numéraire de l'un & de l'autre ait entr'eux un rapport tel, que l'un ne puiſſe être préferé à l'autre, de crainte que celui qui ſeroit eſtimé le moins, ne fut enlevé par le bénéfice qui s'y trouveroit. Cet article eſt la ſource qu'il falloit donner, du deſordre ou de la diſproportion dont nôtre Auteur parle dans ſon onziéme Chapitre.

Le rapport entre l'or & l'argent n'eſt pas le même dans tous les Etats : les Roys & les Princes different les uns d'avec les autres par leurs ordonnances ; c'eſt pourquoi il y a des pays où il faut plus d'argent pour payer l'or, & d'autres où il en faut moins.

Ce rapport n'eſt pas non plus toujours le même dans un Etat, c'eſt l'abondance ou la rareté de l'un ou de l'autre de ces deux métaux qui doivent déterminer ce rapport ; car la raiſon & la politique veulent, que l'on abaisse la valeur de celui qui abonde le plus, afin d'attirer celui qui manque ; mais cela se doit faire sans intéresser le commerce, ni le bien de l'Etat & des particuliers.

En France, depuis l'Edit du mois de Janvier 1726. la proportion entre l'or & l'argent est $14\frac{9}{19}$ environ : s'il y a autant d'argent en France qu'il y a d'or, il faut qu'il y en ait $14\frac{9}{19}$ fois plus que d'or; s'il en a été refondu moins, l'argent n'y sera pas aussi abondant que l'or : D'où il suit, qu'il faudroit baisser la valeur de l'or, ou augmenter celle de l'argent : Mais il y a une autre cause de cette espece de rareté d'argent dans les Monnoyes ; c'est que l'on fait en France beaucoup de Vaisselle d'argent, & peu de Vaisselle d'or.

Pour avoir égard au prix de l'or & de l'argent chez nos voisins, il faut avoir une exacte connoissance de l'Etat actuel de leurs Monnoyes, & de la proportion qu'ils observent entre leur or & leur argent, afin de régler la nôtre, de maniere qu'elle ne laisse à l'un de ces métaux aucun avantage sur l'autre.

Les Etats qui gardent une haute proportion, surhaussent leurs Especes d'or, & diminuent celles d'argent, par rapport à celles de leurs voisins qui gardent une proportion plus basse: D'où il suit que

La haute proportion rend l'or cher, & l'argent à bon marché

Et au contraire, ceux qui observent une proportion basse,

ſurhauſſent leurs Eſpeces d'argent, & diminuent celles d'or, par rapport à celles de leurs voiſins qui gardent une plus haute proportion, d'où il ſuit que

La proportion baſſe rend l'argent cher, & l'or à bon marché.

Pour prouver ces deux propoſitions, on ſuppoſe qu'en Angleterre, en Hollande, en Allemagne, en Suiſſe, en Savoye & en Eſpagne, on compte comme en France par livres, ſols & deniers; que l'on y fabrique des pieces d'or & d'argent de même poids & de même titre; & que l'on y obſerve entre l'or & l'argent les proportions ſuivantes. Les piéces d'or vaudront,

SÇAVOIR.

En Espagne, où l'on suppose la proportion seiziéme entre l'or & l'argent, si la piece d'argent y est fixée à 3 livres, celle d'or y vaudra seize fois 3 livtes, qui font 48 livres, ci. . . . . . 48. l.

En Savoye,	14. $\frac{4}{5}$ fois	3. l.	44.	8. s.	
En Suisse,	15. . . .	3.	45.		
En Allemagne,	15. . . .	3.	45.		
En Hollande,	14. $\frac{2}{3}$ . .	3.	44.		
En Angleterre,	14. $\frac{1}{5}$ . .	3.	43.	16.	
En France,	14. $\frac{9}{19}$ . .	3.	43.	8.	5. d.

Ce détail nous montre avec la derniere évidence, que les Etats qui observent une haute proportion entre l'or & l'argent, surhaussent leurs Espéces d'or, & leur donnent un plus grand prix, que ne font les Etats qui gardent une proportion plus basse. L'Espagne, qui garde la plus haute, fait valoir la piéce d'or 48 livres, & le François qui garde la plus basse, ne la fait valoir que 43 livres, 8 sols,

5 deniers : c'est la preuve du premier cas pour l'or ; celle du second pour l'argent est de dire pour les Ecus , qui vaudront,

SÇAVOIR.

En Espagne, où la proportion est supposée seiziéme, si la piéce d'or y vaut 48 livres , l'écu d'argent y vaudra 3 livres , ci, ... 16e. 48. l. 3. l.

En Savoye,	14. $\frac{4}{5}$	48.	3.	4. s.	7. $\frac{5}{37}$ d.
En Suisse,	15.	48.	3.	4.	
En Allemagne,	15.	48.	3.	4.	
En Hollande,	14. $\frac{2}{3}$	48.	3.	5.	5. $\frac{5}{11}$
En Angleterre,	14. $\frac{2}{5}$	48.	3.	3.	9. $\frac{9}{73}$
En France,	14. $\frac{9}{19}$	48.	3.	6.	3. $\frac{51}{55}$

Ces différens prix de la piece d'argent nous montrent sensiblement que les Etats qui observent une proportion basse , surhaussent leurs Especes d'argent & diminuent celles d'or ; car la France qui garde la plus basse , augmente la valeur numéraire de son Ecu d'argent qu'elle fait valoir 3 livres, 6 ſols, 3 $\frac{51}{55}$ deniers, & l'Eſpagne qui garde la plus haute, ne le fait valoir que 3 livres, c'eſt la preuve de la ſeconde propoſition.

De ces différences de proportions naît immanquablement le tranſport du métal le moins cher d'un Etat dans un autre Etat; après cela on ſent aiſément qu'il eſt de la derniere importance à un Etat d'examiner avec toute la préciſion poſſible un article auſſi délicat que l'eſt celui-ci, pour trouver & pour déterminer la juſte proportion qui doit regner dans le prix de ces métaux, & de fixer enfin un point d'équilibre qui ne laiſſe à l'un aucune préférence ſur l'autre.

Il y auroit bien des choſes encore à dire ſur les Monnoyes; mais cela n'eſt pas de mon ſujet.

ARTICLE IX.

Dans lequel on parle de quelques fautes legeres, qui se trouvent au dix-septiéme chapitre du Livre qui fait le sujet de ces Remarques, & par occasion on y dit deux mots sur le transport de l'argent.

NOus sommes assez d'accord sur les Principes du Change, & sur le transport de l'argent en Pays étranger : mais il y a ici une faute, ou de l'Editeur, ou de l'Imprimeur. On s'explique ainsi à la page 247. (*a*) de l'Essai politique. » Disons » un mot sur le transport de » l'argent à l'Etranger, que la » plûpart ont regardé comme

(*a*) Pag. 257. & 258. de la seconde édition.

» pernicieux. Penſent-ils que
» c'eſt un préſent qu'on fait ?
» *Si la balance du Commerce eſt*
» *inégale, nous ne pouvons ſol-*
» *der que par là. Si elle eſt éga-*
» *le, l'Etranger devient notre*
» *débiteur, notre tributaire, &*
» *le Change nous ſera toujours*
» *avantageux.* »

L'Auteur nous permettra de lui obſerver qu'il ne dit pas aſſez, en diſant que ſi la balance du Commerce eſt *inégale*, nous ne pouvons ſolder que par le tranſport de notre argent; il ſuppoſe que nous redevons, cela s'entend bien; mais comme la balance peut être *inégale* de deux façons, lorſque nous redevons à l'Etranger, & lorſque l'Etranger nous redoit, l'Auteur pour plus de clarté devoit dire, *lorſque nous redevons par la balance, &c.* ce qui rend le Change contre nous.

L'Etranger ne sçauroit être notre débiteur & notre tributaire, que lorsqu'il nous redoit par la balance du Commerce, ce qui rend le Change en notre faveur ; car il ne peut jamais l'être, comme l'Auteur le dit, lorsque la balance est *égale*, puisqu'alors personne ne redoit. Il y a une juste compensation de part & d'autre ; c'est même ce qui fait l'égalité de la balance : en ce cas il n'y a nul transport à faire, & le Change est au pair.

Je ne crois pas que l'Auteur ait voulu dire, que lorsque la balance est égale, l'argent que l'on envoye à l'Etranger, rend cet Etranger notre débiteur, ce qui contribue en effet à nous rendre le Change avantageux ; mais dès que l'Etranger est notre debiteur, la balance n'est plus égale ; ainsi ce n'est pas ce qu'il a voulu dire.

A l'égard du transport de l'argent, l'Auteur n'en dit que ce que je viens de rapporter ; & comme je ne le crois pas suffisant pour convaincre ceux qui le regardent comme pernicieux, je vais tâcher d'y suppléer en développant un peu plus cet article.

Nous voulons attirer les matieres d'or & d'argent dans le Royaume, & quand elles y sont, nous en défendons la sortie rigoureusement. Outre que ce défaut de liberté est un grand obstacle à notre Commerce, il y a encore en cela de l'injustice à vouloir être payé de ce qui nous est dû, & ne pas payer ce que nous devons.

Feu M. Law, page 40. dit que, » la défense de sortir de l'ar-
» gent

» gent monnoyé ,ou en lingots, » ne peut avoir d'autre effet, que » celui de faire hauſſer le Change, à proportion des riſques à » le tranſporter. Ces riſques vont » bien à 3 pour cent; ainſi ce défaut de liberté fait que nos » Denrées tranſportées ſe vendent 3 pour cent moins qu'on » ne feroit, à cauſe de l'inégalité du Change, & celles qui entrent; 3 pour cent de plus, à » cauſe de la défenſe de ſortir » l'argent.

L'argent produit de l'argent; cette matiere eſt un flux & reflux perpetuel deſtiné au commerce : il ſert de valeur & de compenſation à toutes choſes; l'unique objet du Négociant eſt d'attirer ce métal ; il ne s'en défait qu'à la derniere extrémité : tout celui qui eſt dans le Royaume eſt dû à ſes ſoins &

à ſon travail ; lorſqu'il le fait entrer, on lui eſt favorable, & on regarde ſa ſortie comme un crime d'Etat ; l'Etat cependant n'en ſouffre aucun préjudice.

Quand un Negociant envoye des Eſpeces hors du Royaume, c'eſt pour ſon compte propre, ou pour le compte d'un Etranger à qui elles appartiennent. Si c'eſt pour ſon compte propre, il ne les donne pas ; c'eſt dans l'aſſurance certaine d'y faire un profit conſiderable, & le plus ſouvent ce bénéfice eſt fait avant que l'argent ſoit ſorti, parce que l'on a tiré la valeur ſur le Pays étranger avant que de l'y envoyer.

Si c'eſt pour le compte d'un Etranger auquel cet argent appartient, il n'eſt pas juſte de le retenir ; c'eſt dans l'eſperance d'y profiter par un retour de

Change avantageux, qu'il le fait entrer, & lorſqu'il ne trouve pas ſon compte à ſe ſervir de ce Change, à cauſe du changement conſidérable arrivé dans l'intervale (ce qui eſt aſſez ordinaire) il ordonne qu'on lui remette ſon bien en nature. C'eſt cette liberté, qui attire & fait rouler en Hollande tout l'argent de l'Europe.

On veut que l'on ſe ſerve des Changes, pour payer ce que l'on doit, & pour faire le commerce, comme ſi le Change ne conſiſtoit qu'en un ſimple billet : mais il faut que celui qui fournit des Lettres de Change, ait des fonds chez l'Etranger. Celui qui doit, cherche ce fonds, ou cette valeur, dans tous les Pays où il y a commerce, avant de faire ſortir ſon argent, & quand il n'en trouve pas, le tranſport eſt inévitable , ou il faut qu'il faſſe banqueroute, ſon coffre étant plein d'argent, ou qu'il s'expoſe à perdre la vie , dure extrémité !

Il vaudroit donc bien mieux mettre un droit ſur la ſortie , que de la défendre inutilement & ſous de pareilles rigueurs , ou que de conſommer nous-mêmes ces précieux métaux en dorures & en broderies , dont on ne retire preſque jamais rien.

Les défenſes de ſortir l'argent ont été & ſeront toujours ſans effet , quelqu'attention qu'on y apporte : on ne voit pas que l'on ſurprenne ni qu'on puniſſe quelqu'un , pour avoir contrevenu à ces défenſes. Il eſt cependant certain que beaucoup d'Eſpeces ſont ſorties du Royaume , puiſqu'on en voit quantité chez les Etrangers : on a mille endroits dans un vaiſſeau pour cacher l'argent, qu'on ne peut découvrir qu'en mettant le vaiſſeau en piéces, ce qui eſt impraticable ; il eſt auſſi impoſſible de le trouver dans les Balots, les Barils, les Futailles, où on le peut cacher avec les marchandiſes qui ſortent, à moins d'en être averti par une dénonciation certaine; car il faudroit tout défoncer & tout débaler, ce qui eſt impoſſible, & ce qui ruineroit abſolument le commerce. Ces Ordonnances, ou ces Défenſes, ne ſont bonnes que pour les Voyageurs ; encore ne les peut-on exécuter qu'imparfaitement à leur égard : elles ſont preſque inutiles pour les Marchands, par la difficulté de les mettre à exécution. Quand on y aura bien pensé, on trouvera qu'il n'y a qu'un seul moyen d'empêcher la sortie de l'or & de l'argent, lequel ne demande ni Ordonnances, ni Gardes, ni visites. C'est de faire en sorte que les Etrangers tirent plus de nos Denrées, Arts & Fabriques, qu'ils ne nous fournissent des leurs, & qu'à la fin de l'année ils nous redoivent, par la balance du Commerce. Il faut alors nécessairement qu'ils nous payent la solde, en Especes ou en matieres d'or & d'argent, qu'ils ne peuvent acquitter en marchandises : de cette façon notre argent restera non seulement chez nous, mais celui des Etrangers y viendra indubitablement.

ARTICLE X.

Dans lequel on répond à une objection.

IL y a des circonstances, où les surhaussemens des Monnoyes sont indispensables & avantageux; témoin celui qui fut annoncé par l'Arrêt du 30. Juillet 1720. publié le 31. qui porta le marc d'or monnoyé à 1800 livres, & celui d'argent, à 120 livres.

Pour détruire cette objection, je vais commencer par montrer en quel état étoient nos Finances lors du surhaussement de 1720. dont il s'agit. Pour cet effet, j'examinerai les opérations de Finances faites dans ce tems, qui étoit le plus orageux du systême de M. Law. Je remonterai jusqu'à l'Arrêt du 5. Mars 1720. & je continuerai jusqu'au surhaussement dont il est question. Mais pourrai-je parler de ces opérations, & en dire mon sentiment avec liberté, sans blesser les opinions communes, la plûpart formées par des passions nées de l'intérêt particulier, source d'une grande erreur. Afin qu'on ne puisse m'imputer aucune partialité, je commencerai cet Article, par établir les principes généraux du crédit public, pour me servir de guide & d'appui dans ce que je dirai sur chaque opération. Ce tems me suffit, pour faire voir quel'augmentation d'Especes dont il s'agit, étoit bien moins nécessaire à la fin de Juillet, qu'elle ne l'étoit à la fin du mois de Mai précedent, qui est ce que j'entreprends d'établir dans cet Article, pour répondre à l'objection qui en fait le ſujet.

Au reſte, cette objection ne regarde point l'Auteur de l'*Eſſai politique ſur le Commerce*; mais elle eſt de mon ſujet, puiſqu'elle tend à montrer que le ſurhauſſement des Monnoyes, dont il eſt queſtion dans cet article, n'a été utile que par des circonſtances qui vraiſemblablement n'arriveront jamais; par conſéquent que cet exemple ne peut jamais moralement autoriſer les ſurhauſſemens d'Eſpeces. On verra que celui-ci n'étoit utile, que parce que de deux maux il faut toujours éviter le plus grand.

Depuis qu'il y a un Commerce reglé parmi les hommes, ceux qui ont eu beſoin d'argent ont fait des Billets, ou des Promeſſes de payer en argent. Ces Billets ou ces crédits leur ont tenu lieu d'argent. Le premier usage du crédit est donc de représenter l'argent par le papier. Cet usage est très ancien; le premier besoin en a sans doute été l'Auteur. Il multiplie l'Espece considérablement; il supplée à celle qui manque, & qui ne suffiroit jamais sans ce crédit, parce qu'il n'y a pas assez d'or ni d'argent pour faire circuler toutes les productions de la nature & de l'art; aussi y a-t-il dans le commerce beaucoup plus de Billets, qu'il n'y a d'argent dans les Caisses des Commerçans.

Un crédit bien gouverné monte au décuple du fonds d'un Marchand; & il gagne autant avec ce crédit, que s'il avoit dix fois son fonds. Cette maxime est généralement reçuë chez tous les Négocians.

Le crédit est donc la plus grande richesse de tout homme qui exerce le Commerce : d'où je conclus qu'il doit faire la plus grande ressource & la plus grande force d'un Etat : L'Angleterre nous en fournit une preuve incontestable. Les Négocians ont encore porté l'usage du papier plus loin : ils ont fait passer leurs Billets, ou leurs promesses de payer en argent, de place en place, & ces Billets très-souvent ont fait une infinité d'affaires avant que de revenir à leur source.

Parmi les hommes il n'y a que deux sortes de richesses ; les réelles, & celles de confiance ou d'opinion. Les réelles sont ou les Denrées, ou les Marchandises, ou les fonds de Terre, les Bâtimens, & les Meubles, &c. & il n'y a de commerce réel qui réponde exactement à la réalité de ces choses, que l'échange de ces mêmes choses entr'elles.

Les richesses de confiance ou d'opinion ne sont que représentatives, comme l'or, l'argent, le bronze, le cuivre, le cuir, les Billets, les coquilles, &c. dont on se sert à évaluer ou à mesurer les richesses réelles. Ces richesses représentatives forment le crédit. Elles sont relatives aux premieres, & sont très-nécessaires; car elles en augmentent la valeur : mais pour acquérir la confiance, elles doivent être appuyées, & proportionnées aux richesses réelles; sans quoi elles porteroient à faux, & seroient dénuées de confiance, sans quoi elles ne peuvent être utiles. Il s'agit donc de les unir ensemble, & de fortifier les unes par les autres.

Un Louis d'or, un Ecu, &c. sont des Billets, dont l'effigie du Prince est la signature; & comme les choses ne reçoivent leur valeur que des usages auxquels on les employe, il est indifférent de se servir d'un Louis, d'un Ecu, d'un Billet de pareille somme, ou même de coquilles, comme sur certaines côtes d'Afrique, pour représenter toutes sortes d'effets, & servir de mesure commune de leur valeur, laquelle valeur dépend toujours de la proportion entre la quantité & la demande.

La force & la puissance d'un Etat dépend du nombre de ses habitans, & le nombre des habitans est toujours proportionné à la quantité des Especes qui est dans cet Etat. Car cent francs ne peuvent employer qu'un certain nombre d'hommes : s'il en reste à employer, & qu'il n'y ait point d'Especes pour les payer, ces hommes ou meurent de faim, ou vont offrir leur travail à l'Etranger; ce qui affoiblit l'Etat, & fortifie l'Etranger à nos dépens.

Au contraire, si nous augmentons la quantité de nos Especes, & qu'au lieu de cent francs elle soit de deux cens, l'Etat pourra employer le double d'hommes : s'il en manque pour gagner l'Espece qui y est, cette abondance attire nécessairement les Négocians & les Ouvriers étrangers ; ils viendront s'établir où l'abondance les appelle; ce qui fortifiera l'Etat, accroîtra les revenus du Roy, & ceux des particuliers propriétaires de Terres, de Maisons, &c. & augmentera considérablement notre commerce. Ce sont les Paysans & les hommes d'industrie qui font subsister l'Etat ; ainsi plus il y en a, plus il est puissant.

Or le Prince, qui n'est pas possesseur des matiéres d'or & d'argent avec lesquelles on fait la Monnoye, ne sçauroit remédier aux changemens qui arrivent dans la quantité & dans la demande de ces métaux, dont la valeur est toujours fixée par la proportion qui régne entre cette quantité & cette demande. Il ne peut donc pas augmenter cette quantité d'Especes ; il peut seulement les continuer de même titre & de même poids, & les exposer pour le même prix, ou changer les uns & les autres : Mais il peut aussi suppléer au défaut d'Especes par le crédit ; & ce crédit fera circuler l'Espece, rendra le Commerce plus florissant, & attirera l'abondance.

Les Billets sont plus propres que les Especes à remplir les fonctions de la Monnoye, parce que leur mouvement est beaucoup plus rapide que celui de l'argent. Un Billet représentera dix payemens, & passera en dix mains différentes, pendant que la somme qu'il représente passera en une ; d'ailleurs, le transport du crédit de Ville en Ville, & de Nation en Nation, est plus facile que celui des Especes ; il est même nécessaire, pour donner la valeur aux biens de la Nature. Mais on le craint en France, parce qu'il n'y est pas connu ; ou n'y envisage que son danger, & on n'y examine point ses avantages. Dès qu'il y paroît, on craint sa chûte, & on ne s'apperçoit pas que cette crainte ſeule la procure.

Pour raſſurer les eſprits ſur ce point, il ſemble que dans un Etat, tel que celui-ci, où les Peuples ne ſont point accoutumez au crédit, il falloit d'abord ſe contenter de doubler l'Eſpece & la circulation, par un crédit qui n'excedât point le montant des Eſpeces qui ſont dans l'Etat, afin qu'il fût toujours convertible en Eſpeces, à la volonté des particuliers, ſauf à l'étendre & à le multiplier, ſuivant les beſoins de l'Etat, & du Commerce, & ſuivant la confiance qu'on y auroit, quand on y ſeroit accoutumé, & quand le Prince, par pluſieurs années d'expérience, auroit ſenti tous les avantages, & toutes les reſſources qu'il peut y trouver. De cette maniere il y auroit moins à craindre, parce qu'alors le propre intérêt du Souverain l'engageroit à le soutenir, & à le protéger envers & contre tous, & lui ôteroit toute tentation d'y donner la moindre atteinte.

Je conviens qu'un tel crédit seroit plûtôt une multiplication de l'Espece qu'un crédit; car le crédit consiste dans l'excedent du Billet sur l'Espece; & l'avantage qu'on y cherche n'est que dans cet excedent : mais cette multiplication de l'Espece augmenteroit d'autant la circulation, la consommation, le Commerce, l'Industrie, la valeur des Terres, & même le nombre des habitans. Ces augmentations produisent celle des Fermes & de toutes les Branches des revenus de l'Etat.

La Monnoye d'or & d'argent est non-seulement une mesure

commune; elle est aussi un troc ou un gage, qui a une valeur réelle comme les autres Marchandises. Le Peuple peu éclairé a besoin d'un tel gage, pour le garantir contre l'autorité, au moins jusqu'à ce qu'il voye qu'il n'a plus rien à craindre de ce côté-là.

Le crédit demande une très-grande liberté, & beaucoup de prudence pour le conduire : il est ennemi de toute contrainte; il ne veut être ni effarouché, ni prodigué; il disparoît à la premiere atteinte qu'on lui donne, & il ne manque jamais d'ensevelir l'Espece sous ses ruines. Alors l'Usure reprend la place du crédit, & arrache au Fond, à la Culture, au Commerce & à l'Industrie, toute la valeur que le crédit leur avoit donné. Un crédit, fondé sur l'espérance d'un gain éloigné, devient imaginaire; s'il excede les fonds réels qui y répondent, il perd sa valeur; & si on le force, il perd sa nature de crédit.

Or en supposant le crédit égal au montant des Especes d'or & d'argent qui sont en France, comme sa valeur dépend de ces mêmes Especes dans lesquelles il doit être payé, cette valeur dépend aussi de la proportion entre sa quantité & sa demande. D'où il suit :

I. *Que le Billet ira de pair avec l'Espece, si la quantité & la demande du Billet sont égales à la quantité & à la demande de l'Espece.*

Si la quantité de l'Espece est 1000. & celle du Billet 1000. & si la demande de l'une & de l'autre est aussi 1000, il est clair que le Billet & lEspece seront dans une parfaite égalité, & que cette égalité sera rompue, au moindre changement, qui arrivera dans l'un & dans l'autre. D'où il suit:

II. *Que l'on ne sçauroit hausser ou baisser l'Espece, sans hausser ou baisser en même tems, & dans le même rapport, le Billet qui la représente, & dans laquelle il doit être payé: sans cela il y auroit un vuide impossible à remplir.*

L'augmentation de la quantité des Especes d'or & d'argent dépend uniquement du Commerce. Elle n'est pas au pouvoir du Prince qui ne possede point ces matieres: mais il est en son pouvoir d'augmenter ou de diminuer leurs valeurs numéraires. Ainsi nous regarderons désormais la valeur des Especes comme leur quantité, puisque nous ne pouvons suppléer à cette augmentation de quantité, que par l'augmentation de valeur numéraire.

Il est au pouvoir du Legislateur, d'augmenter ou de diminuer la quantité des Billets, ainsi que leur valeur: Mais son propre intérêt le retient, & l'engage à en soutenir la demande, que cette quantité ne doit pas exceder. Tant qu'il y a de la demande, on peut satisfaire les besoins de l'Etat & du Commerce, en augmentant le crédit, & si on s'apperçoit que cette demande s'affoiblisse, il faut que l'Espece ou les Marchandises retirent les Billets, afin de faire valoir ceux qui restent, & d'en soutenir la demande. Cette demande représente la confiance publique, & cette confiance publique est nourrie & entretenue par la liberté: Par conséquent si on lui donnoit la moindre atteinte, cette confiance s'anéantiroit tout-à-coup ; tout le monde se jetteroit sur l'Espece, & le Billet tomberoit dans le discrédit.

Dans l'égalité supposée ci-dessus, il est certain que 1000 livres en Billets équivalent à 1000 livres en Especes ; les Billets & les Especes se mesurent donc réciproquement, & sans aucune préférence, puisque les quantitez & les demandes des uns & des autres sont supposées égales.

Mais si on augmente la valeur des Especes, du double, par exemple, & que la demande reste la même, ainsi que la quantité & la demande du Billet ; en ce cas la valeur des Especes sera 2000. & la demande 1000, la quantité & la demande du Billet aussi 1000. Il est évident qu'alors 500 livres en feront 1000, & qu'avec ces 500 livres affoiblies de moitié, on aura 1000 livres en Billets. Cette opération fait donc perdre au Billet la moitié de sa valeur; car elle fait le même effet, que si sans augmenter la valeur des Especes, on avoit diminué, ou réduit le Billet de 1000 à 500 livres. D'où il suit:

III. *Qu'en augmentant la valeur des Especes, sans augmenter la quantité ou la valeur du Billet qui les représente, c'est diminuer la valeur du Billet, d'autant que celle des Especes a été augmentée.*

Au contraire, si on augmente du double la quantité ou la valeur du Billet, sans augmenter sa demande, & sans toucher à la valeur & à la demande des Especes, alors la valeur ou la quantité

quantité du Billet étant 2000, & sa demande 1000, outre qu'il tombe nécessairement dans le discrédit, c'est que la valeur & la demande des Espéces étant aussi 1000, il est clair que la valeur des Espéces ne pouvant plus avoir que 1000 livres en Billets qui n'en valent réellement que 500. cette opération fait le même effet que si on eût réduit ou diminué de moitié la valeur de l'Espéce. D'où il suit :

IV. *Qu'en augmentant la quantité ou la valeur du Billet, sans augmenter celle des Especes qu'il représente, & dans lesquelles il doit être payé, l'on diminue la valeur numéraire des Especes, d'autant que l'on a augmenté la quantité ou la valeur du Billet.*

Il n'y a rien de plus utile à un Etat, qu'un crédit libre &

moderé. Le dessein de M. Law étoit d'en établir un en France ; mais ce crédit ayant été outré, précipité, & forcé, sa chûte suivit de près son établissement. Il ne faut pourtant pas croire que son désastre ait été une suite de la nature de notre gouvernement ; cette raison ne peut regarder que la méfiance qu'elle inspire. Il est arrivé la même chose en Angleterre, où le papier a monté quatre fois plus que le nôtre. Le crédit en France n'a été outré, & forcé, que *parce qu'il s'est trouvé des personnes assez mal intentionnées, pour former le dessein de le détruire, en obligeant Sa Majesté de donner l'Arrêt de son Conseil du 5. Mars* 1720. C'est du moins ce que dit Sa Majesté dans le fameux Arrêt du 21 May suivant.

L'article premier de cet Arrêt du 5. Mars 1720. est très-judicieux, en ce qu'il rappelle à la Banque une partie des Billets, qui en étoient sortis. Par-là le Roy en diminuoit la quantité dans le Public, & il empêchoit qu'on n'attaquât ses Caisses avec ses propres armes; ainsi c'étoit une bonne opération.

Les Actions de la Compagnie des Indes, étant fixées à 9000. livres par l'article 2. de cet Arrêt, devenoient propres à remplir les usages de la Monnoye, & par conséquent à favoriser le Commerce.

La conversion des Souscriptions & des Primes en actions, ordonnée par l'article 3. auroit été avantageuse, si au lieu de les recevoir en payement aux prix fixés par l'article 4. on avoit obligé à payer en Billets de Banque, comme le portoient les engagemens. Cette opération en auroit diminué le nombre dans le Public, & soutenu le crédit des autres. En les recevant en payement, sur le pied fixé, c'étoit recevoir pour 6000. livres ce que l'on avoit donné pour 2000. livres.

En ordonnant par l'article 5. un nouvel achat des Actions, que la Compagnie déterminée par une fatale expérience avoit résolu de discontinuer, on annonçoit la multiplicité du Billet, qu'il occasionneroit immanquablement, & par conséquent la chûte de la Banque.

Je ne puis dissimuler qu'il est un peu étonnant que l'auteur du Systême ait pris ce parti. Il devoit sentir le danger de l'achat des Actions, & que l'excessive augmentation du Billet, que cet achat occasionneroit nécessairement, affoibliroit son crédit, & jetteroit l'allarme par tout. Il ne devoit pas ignorer qu'il étoit en quelque façon responsable du Billet, parce qu'il en avoit fait la Monnoye de l'Etat, & qu'il n'en étoit pas de même des Actions, des Souscriptions & des Primes, qui n'avoient de prix que dans l'opinion. Il pouvoit se rappeller la convention qu'il avoit fait insérer dans l'article 2. de la Délibération du 22. Fevrier 1720. & de l'Arrêt du 24. *qu'il ne seroit fait aucuns Billets de Banque d'augmentation. qu'en vertu des délibérations prises en l'assemblée générale de la Compagnie.* Et dans l'article XI. de la même Délibération, *qu'il n'y auroit plus de bureaux d'achat & de vente des Actions, &c.* Il pouvoit d'ailleurs sçavoir qu'il lui étoit aisé de retirer du Public tous les Billets, ou telle partie de ces Billets qu'il auroit voulu, en faisant faire en ces Billets les payemens des emprunts faits à la Banque, & de ce qui restoit dû à la Compagnie, pour les payemens ou nourritures des Souscriptions. Par-là il auroit conservé au Billet le crédit qu'il étoit à la veille de perdre : mais il faut tout dire ; en soutenant le crédit du Billet, il ruinoit celui des Actions, des Souscriptions & des Primes, dont la valeur surpassoit de plus de quatre fois la valeur actuelle du Billet. Or puisqu'en sauvant l'un on perdoit l'autre, il ne s'agissoit donc que de choisir, entre le Billet & l'Action, lequel il falloit conserver. Le principe, qui veut que l'on sacrifie le petit nombre au grand, décidera la question, quand on sçaura ce qui doit être pris pour le plus grand, ou pour le plus petit nombre.

Il y a deux façons de compter, & de considérer ce nombre, ou par les porteurs de chaque effet, ou par les valeurs actuelles de ces mêmes effets. Si on compte ce nombre par celui des Porteurs de chaque Effet, le Billet l'emportera sur l'Action ; car le Billet étoit dans toutes les mains du Royaume, & l'Action n'étoit possedée que par un petit nombre de personnes. Mais si on considere le grand ou le petit nombre, par les valeurs actuelles de l'Action & du Billet, il est certain que l'Action sera le plus grand nombre, parce que leur valeur commune, prise entre le plus haut & le plus bas prix de la Place, étoit à la fin du mois de Fevrier 1720. de 4 milliards, 891 millions, 560 mille livres; & celle des Billets, qui étoient alors dans le Public, n'étoit que de 1 milliard, 89 millions, 872 mille, 490 livres, comme je vais le montrer dans un détail qui ne doit laisser aucun doute.

Il est donc clair que l'Etat auroit perdu quatre fois plus de valeurs en sacrifiant l'Action, qu'en sacrifiant le Billet, & conséquemment que le bien de l'Etat demandoit que l'on donnât la préférence à l'Action. Ce qui prouve que cette opération, qui a été regardée comme très-déraisonnable, paroît toute autre à ceux qui en examinent l'objet & les motifs.

Au reste, soit par ce motif équitable, soit par le désir extrême que l'Auteur du Systême avoit, de rétablir promptement les affaires de l'État par l'extinction totale des dettes, ſoit enfin, ſi on le veut, comme quelques-uns l'ont dit, par affection pour les actionnaires, qui par la confiance qu'ils avoient eue en ſes opérations, avoient cauſé tous ſes ſuccès, il ſe détermina à conſerver l'Action, & à ſacrifier le Billet; & ce fut pour en ſoutenir le prix, qu'il les fit vendre & acheter à bureau ouvert, ſur le pied de 9000 livres chacune.

Cependant ce parti étoit totalement contraire à l'article XI. de la délibération de l'aſſemblée générale du 22. Fevrier précédent. La délibération néanmoins étoit ce qui formoit l'engagement reſpectif du Roy & de la Compagnie. Cette contravention donnoit donc à entendre que Sa Majesté ne vouloit plus exécuter la délibération, puisque de son propre mouvement Elle ordonna un nouvel achat des Actions, que la Compagnie par une expérience assez triste, avoit résolu de discontinuer.

Un autre fait, qui montra encore que le Roy ne vouloit pas que la délibération du 22. Fevrier précédent, & l'Arrêt de son Conseil du 24. fussent exécutés, c'est que malgré la convention expresse portée par les articles 2. de cette délibération & de cet Arrêt, *qu'il ne seroit fait aucun Billet de Banque d'augmentation, qu'en vertu de délibérations prises en l'assemblée générale de la Compagnie*, il en fut cependant fait pour plus de 1496 millions, en conséquence de différens Arrêts du Conseil rendus du propre mouvement de *Sa* Majesté, qui en convient dans son Edit du mois de Juin 1725. pour la décharge & libération de la Compagnie des Indes, par ses propres termes que voici mot à mot. *Nous avons reconnu que la Compagnie avoit perdu quatorze cens soixante-dix millions effectifs, par les opérations émanées de notre pur mouvement, pendant le tems de notre minorité, & principalement par l'achat & conversion d'Actions en Billets de Banque; qu'elle n'avoit fait ces operations que par obéissance à nos ordres, &c.*

C'est cet achat d'actions, qui a donné lieu à cette excessive augmentation de Billets de Banque, & qui en a causé le discrédit & la perte.

On disoit dans le temps, & je l'ai même lû dans un petit

Imprimé qui parut au commencement de l'année 1721. (*a*) *que les Ministres de la quadruple Alliance ayant senti que M. Law étoit ennemi de leur systéme politique, s'unirent pour ruiner son systéme de Finance. On dit que c'est eux qui tramerent ensemble la création des derniers* 1200 *millions de Billets de Banque, & les deux Bureaux pour acheter & vendre les Actions à* 1800. *Le sieur Law qui étoit un inepte Courtisan donna dans le panneau d'abord avec résistance, ensuite par foiblesse.* C'est le Duc & Pair qui parle ainsi au Milord, page 9. de sa Léttre, datée de Paris du 23. Janvier 1721, & le Milord par la sien-

[*a*] *Le secret du Systême* de M. Law *dévoilé*, en deux Lettres écrites par un Duc & Pair de France, à un Milord Anglois, à la Haye, *in*-16. 1721. 46. pages.

ne datée de Londres le 10. Fevrier suivant, lui répond pages 19. & 20. en ces termes.

Vos conjectures Monsieur, me paroissent justes. Les mêmes personnes qui ont ruiné le systême chez vous, ont outré le crédit ici. Les Ministres de la Quadruple Alliance dans ce pays-ci donnerent des ordres secrets aux Directeurs de la Compagnie du Sud, de tromper la Nation en haussant les actions. La manie s'empara de tous les esprits. Tout le monde apporta son argent à Londres. Le Roy George, & ses courtisans réaliserent des sommes immenses, qui furent portées à Hanovre. Le choc étant donné au crédit public, les Etrangers s'allarmerent, & imiterent la conduite de la Cour. Voilà l'origine de toutes nos miseres, qui sont encore plus grandes que les vôtres.

Je ne rapporte ceci, que pour montrer ce qui se disoit alors, & en quelle disposition étoient les esprits. L'Arrêt du Conseil du 27. Février, qui défendoit de garder plus de 500. livres d'Espéces chez soi, nous apprend qu'il y avoit alors plus de 1200. millions de livres d'Espéces monnoyées en France. Les articles 2. de la déliberation du 22. Février & de l'Arrêt du 24. nous fournissent une preuve, que l'Auteur du systême avoit aussi fixé son crédit à 1200. millions de Billets de Banque : il n'y en avoit d'ordonnez, que pour cette somme ; il ne vouloit pas qu'il en fût fait davantage, à moins qu'ils ne fussent réquis par une déliberation de l'Assemblée générale de la Compagnie, cela est clair. De cette somme de 1200. millions, il n'y en avoit même de faits & de scellez le 5. Mars 1720. au soir, que pour 1,199,590,000. livres,

SÇAVOIR.

55800.	Billets de	10000.	faisant	558,000,000.
540800.	de	1000.		540,800,000.
825000.	de	100.		82,500,000.
1829000.	de	10.		18,290,000.
TOTAL.				1,199,590,000.

Desquels il en restoit au Trésor de la Banque ledit jour 5. Mars au soir pour 109,717,510. livres.

SÇAVOIR,

9940.	Billets de	10000.	faisans	99,400,000. liv.	109,716,510.
9930.	de	1000.		9,930,000.	
3066.	de	100.		306,600.	
8091.	de	10.		80910.	

Par conséquent il ne pouvoit y avoir dans le Public, & dans les Caisses particulieres de la Banque, de la Compagnie, des Recettes

des deniers Royaux &c, que pour la somme de			1,089,872,490.
Il n'étoit pas difficile de retirer ces Billets, car des 450. millions prêtez par la Banque, il lui étoit encore dû		174,000,000.	
Il étoit dû à la Compagnie trois payemens de 500. livres chacun, payables dans le courant du mois de Mars, sur les 324. mille souscriptions, suivant l'Arrêt du 20. Octobre précedent, faisant	486,000,000.		
Trois autres payemens dans le courant du mois de Juin suivant de pareille somme . .	486,000,000.	1,004,500,000.	1,178,500,000.
Des 20. payemens des petites filles, il lui en étoit encore dû 13. à 50. livres chacun payables de mois en mois, ce qui faisoit 650. livres, & pour les 50. mille la somme de	32,500,000.		

Il y avoit donc plus d'étoffe qu'il n'en falloit, de . . . . 88,727,510.

Et cela non compris l'argent qui étoit à la Banque. Ainſi il étoit aiſé de retirer ce Billet en tout ou en partie, & par conſéquent de conſerver ſon crédit : mais on ne pouvoit pas le conſerver au Billet, & à l'Action : il falloit opter entre l'un & l'autre ; Le Billet, comme étant le moins important, fut ſacrifié. Il y avoit pour 1200. millions de Billets de Banque ordonnez, & pour ſatisfaire à l'achat des actions, il en fut fait encore pour 1496. millions 400. mille livres, en vertu des Arrêts du Conſeil des 26. Mars 5. & 19. Avril, & premier May 1720. En ſorte que le 22. May, jour de la publication du fameux Arrêt du 20. il y en avoit pour 2,696,400,000. livres d'ordonnez, deſquels il en reſtoit à faire, ce même jour 22. May au ſoir, pour 277. millions 810. mille livres : ci 277,810,000 liv.

Il en reſtoit au Tréſor de la Banque le même jour pour . . .	302,070,110.
	579,880,110.
En ſorte qu'il n'y en avoit réellement dans le Public, que pour la ſomme de	2,116,519,890.
Total de la maſſe des Billets	2,696,400,000.

Ces Billets avoient les proprietez de la Monnoye ; ils en faiſoient toutes les fonctions; leur valeur étoit fixe, mais difficile à ſoutenir. Il y avoit 624. mille actions créées ; en ſorte qu'à la fin du mois d'Avril 1720. le montant des Actions & des Billets, qui formoient la circulation, étoit de 6. milliards 127. millions, compris 2. milliards 54. millions de Billets ; & à la fin du mois de May, cette même circulation étoit de 6. milliards 138. millions 243. mille 590. livres, y compris 2. milliards, 235. millions, 83. mille 590. livres de Billets distribuez jusqu'à ce jour-là. Ainsi, le crédit étoit trop étendu pour être solide : il en falloit donc sacrifier une partie, pour donner de la solidité à l'autre. C'est ce qui fut fait : mais les effets ne répondirent pas aux intentions ; la confiance qui est l'ame du crédit s'éclipsa, & la perte du Billet entraîna celle de l'Action.

Suivant l'Arrêt du Conseil du 27. Février 1720. qui défendoit de garder plus de 500. livres chez soi, il y avoit en France plus de douze cens millions d'Especes monnoyées à 60. francs le marc, & ce prix du marc d'argent ayant été porté à 80. francs par les articles 7. & 8. de l'Arrêt du 5. Mars suivant, ces douze cens millions en faisoient alors 1600.

Hausser la valeur numeraire des Especes, sans hausser celle du Billet qui les répresentoit, c'étoit faire gagner tout le surhaussement aux possesseurs des Especes, & le faire perdre aux Porteurs du Billet. Cela est contraire aux 2. 3. & 4. principes du crédit public, établis ci-dessus. Ces Billets n'étant que des Especes représentatives, & leur valeur dépendant de celle des Especes d'or & d'argent, dans lesquelles ils devoient être payez, il étoit juste que cette valeur haussât ou baissât, comme la valeur des Especes ou des matieres d'or & d'argent, qu'ils représentoient. L'article 3. de l'Arrêt du Conseil du 22. Avril 1719. qui, contre le sentiment de M. Law, déclara le Billet monnoye fixe & invariable, ou non sujet aux variations qui pourroient arriver sur les Especes, favorisoit les Billets aux dépens des Especes & de l'équité.

Pour le prouver, je suppose que quelqu'un ait porté 6000. livres à 60. francs le marc à la Banque, faisant 100. marcs d'argent ; & qu'après ce surhaussement des Especes d'un tiers en sus de leur valeur, le marc étant à 80. livres, ce même particulier a besoin de 100. marcs d'Especes. Pour les retirer de la Banque il faudra qu'il y envoye 8000. livres en Billets, au lieu des 6000. qu'il avoit reçus pour les mêmes 100. marcs : il perd donc 2000. livres, que la Banque ou le possesseur de l'argent gagne; d'où il suit,

Que hausser l'Espece sans hausser le Billet, qui la représente, c'est faire gagner tout le surhaussement à l'Espece, ou à la Banque qui la contient, & le faire perdre au Billet, ou au public qui en est porteur.

Ainsi tout surhaussement de Monnoye étoit avantageux à la Banque, si les Billets ne haussoient pas comme l'Espece.

Pour accoutumer le public à commercer avec les Billets, & pour empêcher qu'on ne fît des amas d'or considerables, on en défendit l'usage dans le Commerce par l'article 2. de la Déclaration du 11. dudit mois de Mars, à commencer au premier May suivant. On défendit même par l'article 10. aux Officiers des Cours des Monnoyes, de souffrir qu'à l'avenir il fut fabriqué aucunes Especes d'or. L'Auteur du systême sçavoit très-bien que ce Métal étoit aimé, qu'il étoit aisé à garder, qu'il circuloit beaucoup moins que l'argent, & qu'étant une fois caché, il devenoit inutile au Commerce. C'est pourquoi il le vouloit supprimer.

Les diminutions annoncées sur les Especes, par les articles 12. 13. & 14. de cette même Déclaration du 11. Mars, réduisoient le marc d'argent de 80. à 70. livres au premier Avril, & à 65. livres au premier May, pour tout le mois.

Toutes ces opérations n'avoient pas d'autre but, que celui d'attirer les Especes & les matieres à la Banque, où il en restoit peu, & aux Hôtels des Monnoyes. Les effets répondirent assez bien aux intentions; car, soit par la défense de garder plus de 500. livres en Espece chez soi, faite le 27. Février; soit par l'augmentation des Especes portée par les articles 7. & 8. de l'Arrêt du 5. Mars, soit par la suppression de l'or dans le Commerce pour le premier May, soit enfin, par la crainte de perdre sur les Especes, à cause des diminutions annoncées par cette Déclaration, il est certain que l'on porta de l'argent à la Banque, avec autant d'empressement, qu'on en avoit eu à en retirer; puisque pendant ce même mois de Mars, depuis le 7. jusques & compris le 30. on y reçut la somme de 44. millions 696. mille, 190. livres d'Especes à 80. francs le marc.

Or diminuer l'Espece sans diminuer le Billet qui la représente,

ſente, c'étoit faire perdre toute la diminution à l'Eſpece, ou à la Banque qui la contenoit, & la faire gagner au Billet, ou au public qui en étoit le porteur. Toute diminution d'Eſpece étoit donc ruineuſe pour la Banque qui en étoit dépoſitaire, ainſi que l'augmentation du Billet. Heureuſement qu'elle n'avoit point d'Eſpece à donner, au-de-là des beſoins exigez en petits payemens, les gros payemens ne ſe pouvant faire qu'en Billets.

Pour prouver que la diminution étoit ruineuſe pour le poſſeſſeur de l'argent, je ſuppoſe que le public, qui porta en Mars 44. millions 696. mille 190. livres en Eſpece à 80. livres le marc à la Banque pour pareille ſomme de ſes Billets, retourne en Avril après la diminution redemander les payemens du montant de ces Billets : la Banque lui comptera 44. millions 696. mille 190. livres en Especes au cours du jour, à 70. livres le marc : le public recevra donc la quantité de . . . . 638,517. marcs

Le Public n'en porta cependant en Mars, l'argent étant à 80. livres le marc, que . . . . 558,702 $\frac{3}{8}$ marcs.

Donc la Banque perd évidemment . . . . . 79,814 $\frac{5}{8}$ marcs d'argent, que gagnoit le Public. Cela est-il juste ? Et la Banque y trouveroit-elle son compte ? Non assurément. Il y a des principes en toutes choses, desquels il est dangereux de s'écarter. De cet exemple il suit évidemment.

Que diminuer l'Espece sans diminuer le Billet qui la représente, c'est faire perdre toute la diminution à l'Espece, ou à la Banque qui la contient, & la faire gagner au Billet, ou au Public qui en est porteur.

Ainsi toute diminution d'Espece étoit ruineuse pour la Banque, si ces Billets ne diminuoient pas comme l'Espece. Cette perte me paroît réelle : cependant il semble qu'on ne la regardoit pas comme telle, puisqu'on défendit l'entrée dans le Royaume des Especes étrangeres par Arrêt du 19. Mars, pour éviter que nos voisins n'achetassent nos Billets en argent foible, dans la vûe de retirer de l'argent fort, pour y gagner.

Il résulte donc évidemment de ces principes, qu'on ne pouvoit toucher à l'argent sans toucher au Billet qui le représentoit, & qui en faisoit toutes les fonctions. Cependant malgré cette vérité, on diminua encore l'argent au premier Mai; le marc fut réduit à 65 livres, & la masse des Especes monnoyées qui étoient en France, à

1300 millions par conséquent. On auroit dû diminuer de même le Billet: au contraire, on en augmenta tellement la quantité, qu'à la fin du mois de Mai il y en avoit d'ordonnez pour deux milliards, 696 millions, 400 mille livres, desquels il n'y en avoit de faits & de scellez que pour 2 milliards, 479 millions, 680 mille livres: il en restoit au trésor de la Banque pour 244 millions, 596 mille, 410 livres; ainsi il ne pouvoit y en avoir dans le Public, que pour 2 milliards, 235 millions, 83 mille, 590 livres: mais comme le restant à faire se faisoit tous les jours, & que le restant en Caisse se distribuoit de même, on peut les regarder comme tous faits & tous distribuez, & compter par conséquent sur la somme totale 2,696,400,000 livres.

Les 1300 millions de livres d'Especes à 65 liv. le marc, qui étoient en France, étoient bien éloignez des 2,696,400,000 livres de Billets de Banque: En cet état, la somme des Billets étoit à la somme des Especes, à peu de chose près, comme $2\frac{2}{27}$ sont à 1. c'est-à-dire, que 207 livres 8 sols $1\frac{7}{9}$ denier en Billets, n'égaloient plus que 100 livres en Especes, ou que le Billet de cent n'étoit plus au pair que de 48 livres 4 sols 5 deniers d'Especes ou environ.

Ce défaut de proportion de quantité & de demande, entre le Billet & l'Espece, ne pouvoit opérer que l'avilissement, ou le discrédit total du Billet, le renversement du crédit Public, & l'augmentation de la demande de l'argent.

Pour réparer cette faute, qui

étoit capitale, il n'y avoit que deux moyens au pouvoir du Légiſlateur.

L'un, *de diminuer le Billet de Banque, en le réduiſant à l'égalité de l'Eſpece, ou approchant.*

Et l'autre, *d'augmenter la valeur numéraire des Eſpeces, juſqu'à l'égalité du Billet, ou approchant.*

Il y en avoit bien un troiſiéme qui auroit mieux valu que les deux premiers; mais il n'étoit pas au pouvoir du gouvernement; il dépendoit uniquement des ſujets. C'étoit *la confiance*. La défiance publique commençoit à lui ſucceder; elle eſt toujours la ſource funeſte du malheur des Etats.

Les deux premiers moyens ne différoient que par leurs effets; car diminuer la valeur du Billet, c'étoit augmenter la valeur de l'Espece ; & augmenter la valeur des Especes, c'étoit diminuer celle du Billet, suivant les principes du crédit établis ci-devant. Ils n'étoient favorables à l'Etat, ni l'un ni l'autre; il s'en falloit beaucoup : mais le mal étant fait, il falloit nécessairement passer par l'un ou par l'autre : on étoit forcé par la situation des choses à faire un mal, pour en éviter un plus grand, peut-être ne se seroit-on pas mis dans cette fâcheuse situation, si l'Etat eût été moins chargé de dettes, qu'il l'étoit au commencement de la Régence. Parce qu'un crédit modéré & propre seulement à faire rouler le Commerce & les affaires auroit suffi : Mais dans un Royaume, où la plûpart des biens & des personnes étoient dans les chaînes de l'Usure, où le Roy devoit des ſommes immenſes, où une partie des Terres étoit ſans culture, & où l'Induſtrie avoit perdu courage, on avoit été obligé d'étendre ce crédit, pour briſer toutes ces chaînes, & pour ouvrir le paſſage à l'abondance.

Or en Mai 1720. que le Royaume étoit en valeur, que l'on avoit reçû du crédit tous les bénéfices attendus, & qu'il s'agiſſoit de faire baiſſer les prix exceſſifs de tous les biens fonds, des denrées, arts, & fabriques, (ce qu'on ne pouvoit faire qu'en diminuant les trop grandes facilitez de les payer,) on voulut ſupprimer la partie de ce crédit, qui n'étoit plus néceſſaire, pour ſe réduire dans un crédit plus ſolide, plus meſuré, plus capable de conſerver l'abondance dont on jouiſſoit, & plus proportionné aux beſoins du Commerce, par l'exécution du premier des deux moyens donnez ci-dessus, que M. Law avoit médité dès le mois de Mars, lorsqu'il prévit l'impossibilité de soutenir le crédit du Billet, & qu'il le sacrifia à l'action, dans la vûe de mettre tous les débiteurs en état de se liberer. Ce moyen étoit le plus naturel & le moins mauvais : il parut en public, dans le célébre Arrêt du 21. Mai, publié le 22. Il réduisoit par des diminutions successives de mois en mois, pour le premier Décembre suivant, le Billet de Banque à la moitié, & les actions des quatre Neuviémes, c'est-à-dire. que de 9000 elle étoit réduite à 5000

A la fin du mois de Mai, il y avoit 624 mille actions : leur valeur commune, prise entre celles de la place pendant tout le mois, fut de 8215 livres; ce qui faisoit une valeur réelle de 5 milliards, 126 millions, 160 mille livres; laquelle somme auroit été réduite à $\frac{5}{9}$ par l'Arrêt du 21. Mai, & conséquemment à la somme de . . 2,847,866,666 $\frac{2}{3}$ liv.

Des 2 milliards, 696 millions, 400 livres ordonnez, il n'y en avoit de faits que pour 2 milliards, 479 millions, 680 mille livres, que ledit Arrêt réduisoit à la moitié; ce qui faisoit . . . . 1,239,840,000.

TOTAL . . . . 4,087,706,666 $\frac{2}{3}$ liv.

Par conséquent la circulation ou les valeurs réelles auroient été réduites à 4 milliards, 87 millions, 706 mille, 666 $\frac{2}{3}$ livres: alors ces effets alloient de pair avec l'argent, qui valoit 65 livres, le marc, & que l'Article 2. de l'Arrêt du 29.

Mai mettoit à 82 livres 10 sols. Voilà l'état où nous mettoit l'Arrêt du 21 Mai.

Cet Arrêt, qui, selon quelques-uns, blessoit l'équité, en faisant perdre la moitié des remboursemens à ceux qui venoient de les recevoir du Roy, qui violoit la Loi publique (a), & qui contre les principes du crédit, & le sentiment de l'Auteur du systême, avoit très-mal-à-propos déclaré le Billet Monnoye fixe & invariable, ne pouvoit manquer de révolter tous les esprits, & de jetter une grande consternation dans le Public : chacun s'imaginoit avoir perdu la moitié de son bien, & ne sçavoit pas trop bien s'il pouvoit compter sur l'autre. Tout cela étoit très-propre à anéantir la

(a) Article 3. de l'Arrêt du 22. Avril 1719.

confiance, qui seule avoit rétabli les affaires de l'Etat.

Pour calmer un peu les esprits, on répandit dans le Public une Lettre sur cet Arrêt, dans laquelle l'Auteur tâchoit de prouver » que les diminu-
» tions contre lesquelles on se
» récrioit tant, produiroient de
» bons effets; que pour réta-
» blir une juste proportion en-
» tre les Billets de Banque, &
» les Especes d'argent, cet Ar-
» rêt étoit nécessaire; que l'on
» avoit été forcé de s'écarter de
» cette proportion, sans la-
» quelle les actions & les Bil-
» lets de Banque tomboient
» dans un discrédit inévitable:
» Qu'il eut été contre toute
» sorte de raison, de laisser di-
» minuer l'Espece, sans dimi-
» nuer le Billet de Banque à
» proportion, & qu'il eût été im-

» poſſible de donner trois marcs » d'argent, pour un marc que » l'on avoit reçû.

» Que cet Arrêt ne faiſoit » aucun tort à l'actionnaire, » puiſqu'il conſervoit ſon mê- » me revenu; que le porteur » du Billet de Banque n'y per- » doit rien non plus. Il avoit » porté ſon argent à la Banque » à 60, 70 & 80 livres le marc, » & cet argent devant être ré- » duit à 30 livres le marc, » le Billet devoit être réduit » dans la même proportion: » Que les porteurs des Récipiſ- » ſez étoient dans le même cas; » qu'ils n'y perdoient rien non » plus.

» Que le véritable mérite » d'un emploi ſe tiroit de ſon » revenu; celui de l'action n'é- » tant pas diminué, ſa vérita- » ble valeur ne l'étoit pas non » plus par conſéquent, &c.

Tout cela étoit excellent ; mais on n'étoit plus disposé à entendre raison sur cet Article. La confiance une fois perdue ne se recouvre pas aisément. Tout le monde auroit bien voulu retirer l'argent de ses Billets. Dans ce dessein, on courut en foule à la Banque, on s'y portoit jusqu'à s'étouffer : mais il n'étoit plus tems ; son crédit ne subsistoit plus que par la nécessité & par l'autorité. L'Arrêt du 5. Mars lui avoit porté le coup mortel : sa Majesté même en convient dans le Préambule de celui du 21. Mai, par ces termes *Mais malgré les avantages sensibles que ces établissemens ont procurés, il s'est trouvé des gens assez mal intentionnez pour former le dessein de les détruire, en obligeant sa Majesté de donner l'Arrêt de son Conseil du 5. Mars dernier.* Elle en convient encore dans un tems fort éloigné de celui-ci, & non ſuſpect par conſéquent, par ces autres termes, que l'on trouve dans ſon Edit du mois de Juin 1725. pour la décharge & libération de la Compagnie des Indes (*a*) dans lequel ſa Majeſté parle ainſi : *Nous avons reconnu que la Compagnie avoit perdu quatorze cens ſoixante-dix millions effectifs, par les opérations émanées de notre pur mouvement pendant notre minorité, & principalement par l'achat & converſion des actions en Billets de Banque, & comme elle n'avoit fait leſdites operations & achats que par obéiſſance à nos ordres, &c.*

Il réſulte bien clairement des

[*a*] Ce paſſage eſt déja ci-devant page 251. mais il eſt de ces choſes qu'on ne peut trop répéter, afin que le paſſé ſerve de lumieres à l'avenir.

expressions de sa Majesté ci-dessus rapportées, que ce furent les ennemis du systême qui conseillerent l'achat des actions ou l'Arrêt du 5. Mars, & non pas son Auteur, comme quelques-uns l'ont crû. L'Article 2. de la délibération du 22. Février en fournit une troisiéme preuve; & les Lettres du Duc & Pair au Milord, & du Milord au Duc & Pair, dont les passages sont rapportés ci-dessus, en administrent une quatriéme.

Peut-être que M. Law fut obligé de ceder à la force, sans pouvoir le dire, comme un Général d'Armée qui laisse échapper l'occasion de défaire l'ennemi, parce qu'il a des ordres secrets de ne le pas faire, ordres qu'il ne peut ni ne doit réveler; toute l'Armée, qui n'en sçait rien, l'accuse, & le croit coupable : Ce Général s'entend blâmer, & n'ose se justifier. De même M. Law étant forcé de faire cette opération, il l'ordonna, sans oser dire qu'il n'y avoit d'autre part que l'obéissance, pas même à ceux qui lui en représentoient le danger ; c'est peut-être la raison pour laquelle on l'en a cru l'Auteur.

D'autres n'ont pas crû qu'il le fût ; ils n'y voyoient, disoient-ils, aucune apparence, & ne pouvoient présumer qu'un homme, qui étoit toujours prêt à immoler son intérêt particulier au bien général, qui avoit un esprit élevé, pénétrant, étendu & juste, qui aimoit la gloire, & se plaisoit à faire le bien, qui dans cette vûe, & avec tout l'art imaginable, avoit bâti un Edifice superbe, envié par nos voisins allarmez, admiré de toute la France, & qui, selon eux, avoit réellement acquis tant de gloire à son Auteur, qu'il a été un tems que l'on disoit tout haut, qu'il falloit lui élever une Statue, pour faire passer à la posterité la mémoire de ses services ; ils ne pouvoient, dis-je, penser qu'un homme qui s'étoit élevé à ce haut degré de gloire, eût pû lui-même, de gayeté de cœur, travailler à la destruction de son propre ouvrage, pour se voir tomber de si haut, & devenir l'horreur d'une Nation, à laquelle il s'étoit, pour ainsi dire, sacrifié.

Quoiqu'il en soit, le mal étoit fait ; il y falloit un remède, & il n'y en avoit que dans les réductions annoncées par cet Arrêt du 21. May, ou dans l'augmentation de la valeur numéraire des Especes, jusqu'à égaler celle des Billets, & cela en supposant la même confiance car c'est elle qui décide de tout.

Dans la situation où étoient les choses, les réductions annoncées par l'Arrêt du 21 May, étoient, selon les uns, une opération excellente, fondée sur les véritables principes du crédit & du Commerce : mais les diminutions d'Especes de 80 livres le marc à 27. annoncées par la Déclaration du 11. Mars, étoient contraires aux mêmes principes; elles détruisoient tout l'effet de la réduction du Billet ; il falloit réduire ce Billet au niveau de l'Espece sans toucher à l'Espece. Mal-à-propos encore une fois, avoit-on déclaré ce Billet une Monnoye fixe & invariable : le Billet représentant l'argent, & en faisant toutes les fonctions, devoit hausser & baisser comme l'argent ; il avoit été plus que doublé dans sa quantité, sans que l'on eût touché à l'argent ; il falloit donc le réduire au moins de moitié sans diminuer l'argent, afin de se remettre dans le même état où l'on étoit avant que ce Billet fût doublé ; sans quoi le vuide impossible à remplir subsisteroit toujours, & seroit même augmenté par les diminutions d'Espéces.

En réduisant 2,696,400,000 livres de Billets à leur moitié 1,348,200,000 liv. cette moitié auroit été presque de niveau avec les 1300 millions d'Espéces, qui étoient en France au mois de May à 65 livres le marc : mais si on réduit l'argent de 65 à 27 livres le marc, comme le veut la Déclaration du 11. Mars, les 1300 millions d'Especes feront réduites à 540 millions, qui feroient aux 1348 millions, 200 mille livres, comme 1 eft à 2 $\frac{149}{300}$, ou environ 2 $\frac{1}{2}$, c'eft-à-dire, que l'Efpece réduite à 27 francs le marc, feroit encore plus éloignée des 1348 millions, 200 mille livres de Billets, que ne l'étoient les 1300 millions d'Efpeces des 2,696,400,000 livres de Billets. Ainfi bien loin de remédier au mal en diminuant le Billet & l'Efpece, on l'augmentoit au contraire en diminuant les Efpeces dans cette conjoncture : la réduction du Billet à fa moitié, fans toucher à l'Efpece, étoit l'unique reméde.

Comment pouvoit-on donc s'imaginer que la Banque qui avoit reçû les Efpeces à 60, 70 & 80 francs le marc, pût jamais les rendre, le marc n'étant qu'à 27 livres ? Cela étoit impossible : 540 millions de livres ne pouvoient jamais payer 1348 millions, 200 mille livres. Il est donc clair que la réduction du Billet étoit bonne, & que celle des Especes la détruisoit, & ne convenoit point à la situation des affaires.

Les Actions fixées à 9000 livres étoient faciles à convertir en Billets de Banque ; elles étoient devenues par-là une espece de Monnoye. Les Billets de Banque étoient convertibles en argent & en Actions : dès-là l'Action, le Billet, & l'argent devenoient égaux & propres à aider & à favoriser le Commerce; on ne pouvoit donc pas toucher à l'un sans toucher aux autres : mais cela suppose une parfaite égalité entre la demande & la quantité du Billet

& de l'Espece. Or on avoit plus que doublé le Billet, & porté l'Action aux nues, sans toucher à l'argent : il étoit donc juste de réduire le Billet & l'Action sans réduire l'argent, afin de rentrer dans les principes dont on étoit sorti.

D'ailleurs, la conversion de l'Action en Billets de Banque sur le pied de 9000 livres, & du Billet en Action, étoit encore une faute contre les principes du crédit : car on devoit s'attendre que le Public les convertiroit en Billets de Banque, & le Billet de Banque en argent ; c'étoit donc quintupler les moyens d'attaquer les Caisses de la Banque & d'en multiplier le Billet : c'est aussi ce qui est arrivé, & ce qui a fait tout le mal.

Examinons présentement quelle étoit au mois de May 1720. la situation de la Compagnie des Indes, des Actionnaires ou des Actions.

Cette Compagnie avoit retiré plus de cent mille Actions du Public, par ses achats faits depuis le 30. Decembre 1719. jusqu'au 22. Fevrier suivant, qu'elle comprend sans doute dans les trois cens mille, qu'elle dit (*a*) avoir retirées du Public. Ainsi voilà trois cens mille Actions qui n'existoient plus. ci . . . . 300,000 Act.

Elle dit dans cette même Délibération avoir en sa possession trois cens millions de fonds, cent cinq vaisseaux, &c. Et attendu que les cent mille Actions du Roy provenoient d'un pur bénéfice fait par Sa Majesté dans la Compagnie, elle supplia le Roy de les éteindre, ci . . 100,000

TOTAL 400,000

(*a*) Dans sa délibération du 3. Juin 1720.

Voilà

Voilà 400 mille Actions, que la Compagnie supplie le Roy d'éteindre, afin qu'il n'en reste que deux cens mille dans le Public.

La Banque en avoit pris environ trente mille, en payement des prêts par elle faits, en conséquence des ordres qui lui avoient été donnés ; ce qui faisoit quatre cens trente mille, que l'on pouvoit ôter des 624 mille qui avoient éte créées ; ainsi le reste, 194 mille, est ce qu'il devoit y en avoir dans le Public : mais comptons sur deux cens mille.

La Compagnie avoit promis de payer 200 livres de dividendes par Action : c'étoit 40. pour cent du premier capital 500 livres, 20 pour cent du second 1000 livres, & 4 pour cent du troisiéme 5000 livres.

Or 200 mille Actions, à 200 livres par an de dividende chacune, faisoient quarante millions de livres, que devoit la Compagnie tous les ans, ci . . . . 40,000,000 liv.

Pour payer ces dividendes, elle avoit d'abord en Rentes sur les Fermes quarante-huit millions, ci . 48,000,000 liv.

Suivant sa Requête au Roy du 3. Avril 1721. son Bénéfice sur ces Fermes passoit quinze millions, ci . . . . 15,000,000.

Voilà deux articles bien réels de . . . . . 63,000,000.

Son bénéfice sur les Recettes générales pouvoit aller à environ . . 1,500,000 l.
Celui sur le Tabac, à environ 2,000,000.
Celui sur les Monnoyes à . 4,000,000.
Et celui sur son commerce à environ . . . . 10,000,000.
} 17,500,000.

TOTAL . . . . 80,500,000.

} 80,500,000.

On voit bien clairement par ce calcul, que la Compagnie avoit de quoi repartir aisément deux cens livres à quatre cens mille Actions : il n'y en avoit pas alors plus de deux cens mille dans le Public ; ainsi il est évident que le produit de l'Action étoit bien assuré, puisqu'il y avoit beaucoup plus de fonds qu'il n'en falloit pour le payer exactement. Les deux seuls premiers articles, qui étoient bien réels & bien constatés, en auroient payé 315 mille, & plus de 400 mille à 150 livres par Action. La situation de la Compagnie ou des Actionnaires étoit donc avantageuse ; & comme les biens tirent leur valeur de la sûreté & de la force de leur produit, il y avoit lieu de croire que l'Action auroit été recherchée ; il n'y avoit qu'à l'abandonner au cours de la Place ; elle ne pouvoit pas tomber de beaucoup. Tous les Biens étoient très-chers , & l'argent n'étoit pas haut ; il étoit donc absolument impossible , qu'une Action qui avoit 200 livres de revenu certain , n'eût pas eu une valeur proportionnée à celle des autres biens. D'un autre côté, les Billets qui étoient reçûs pour toute leur valeur dans les Recettes royales , auroient aussi conservé leur crédit. Pourquoi donc s'allarmoit-on ? Et que pouvoit-il arriver de mauvais à l'Action ? Que tout le monde n'y ayant plus de confiance , auroit voulu s'en défaire tout à la fois : hé bien ! cela les eût fait baisser de prix , & il ne se fût point trouvé d'acheteurs, ni assez d'argent pour les payer. Il en arriveroit tout autant aux fonds de terres & aux maiſons, ſi on les expoſoit de même tous à la fois en vente, parce qu'il n'y auroit ni aſſez d'argent pour les payer, ni aſſez d'acheteurs pour les acquerir; mais cela n'en détruiroit pas la valeur réelle: il ne s'enſuivroit pas de-là que ces Actions, ces fonds de terres, ni ces maiſons, ne valuſſent que ce qu'on en trouveroit d'argent. Cela nous fait vivement ſentir, qu'il nous étoit d'une importance extrême de conſerver notre confiance à ce crédit.

Enfin, l'Arrêt du 21. May, qui réduiſoit le Papier à ſa moitié, *tourna tout le monde contre l'auteur du Syſtême : il devint l'horreur de la Nation; on lui imputa les maux, que les brigues de la Cour avoient cauſés ; une cabale formidable ſe forma contre lui . . .* Les *ſcélérats & les hon-*

nêtes gens s'unirent & conspirerent la perte d'un homme, qui nonobstant tous ses défauts, avoit des vûes politiques, nobles, naturelles, & équitables, voilà la vraie source de nos malheurs. C'est ce que dit le Duc & Pair dans sa Lettre au Milord, citée ci-devant. (a)

Le Parlement envoya le 27. May les Gens du Roy au Regent, demander la revocation de l'Arrêt du 21. Deux personnes puissantes, bien intentionnées, mais malheureusement prévenues & séduites, s'opiniâtrerent à faire revoquer cet Arrêt ; il le fut en effet par celui du 27. May publié le 28, qui rétablit le Billet de Banque dans sa premiere valeur, sans faire attention à la disproportion qui regnoit entre la valeur marquée par ce Billet, & l'Espece qu'il représentoit. La vivacité, ou la

[a] Page 252.

legéreté du François ne lui donna pas le loisir de concevoir que 1300 millions d'Especes ne pourroient jamais faire face, ni aller de pair avec 2,696,400,000 livres de Billets, & que par conséquent il falloit absolument perdre sur le Billet en le réduisant, ou sur l'argent en l'affoiblissant.

Cette revocation fit autant de plaisir au Public, que si elle eût donné de la réalité aux choses, & rétabli la confiance. Le jour de cette révocation peut être regardé comme l'époque de la destruction du Systême, & le triomphe de ses ennemis; car les operations qui suivirent, ne poserent plus sur les vrais Principes. L'Arrêt du Conseil du 29. May, publié le 31. augmenta les Especes de 65 livres le marc à 82 livres, 10 sols.

Et conséquemment les 1300 millions de livres à 65 francs le marc, furent portés à 1650 millions. Cette opération étoit conforme aux principes du Crédit public, & avantageuse. On auroit encore mieux fait, si on eût poussé cette augmentation jusqu'à égaler la masse des Especes à la masse des Billets; car dans l'état fâcheux où l'on étoit réduit, il n'y avoit pas d'autre parti à prendre pour le gouvernement, que celui d'affoiblir l'Espece en haussant sa valeur numeraire, jusqu'à l'égaler à celle du Billet. Pour cela il falloit porter le marc d'argent à 135 livres. Alors les 1650 millions d'Espece, supposés encore dans le Royaume, auroient valu 2,700,000,000 de livres, qui auroient été au pair des 2,696,400,000, livres de Billets.

La réduction des Billets ayant été rejettée, cette augmentation des Especes devenoit indispensable, puisqu'elle faisoit le même effet d'une autre façon. (*a*) Il est vrai que des deux moyens proposés, cette augmentation des Especes étoit le plus dangereux & le plus désavantageux à l'Etat, parce que tout surhaussement de Monnoye lui est onereux : mais il s'agissoit de conserver un crédit public, dont la perte étoit encore infiniment plus désavantageuse à la Nation. Or comme de deux maux on doit toujours éviter le plus grand, il falloit nécessairement se servir du second moyen, aussi-tôt que le premier fut rejetté, c'est-à-dire, que dès le 27. May en remettant

(*a*) Suivant le troisiéme principe du Crédit, établi ci-devant.

le Billet dans sa premiere valeur, on auroit dû hausser la valeur numeraire des Especes, & les mettre de niveau avec le Billet.

Par cette opération, on auroit fait perdre au Public l'envie de convertir le Billet en un argent si haut. On auroit fait diminuer aussi le transport, qui se faisoit de nos Especes chez l'Etranger. Et on auroit fait en grandes sommes le même effet, que la réduction du Billet auroit fait faire en petites sommes; puisque dans l'un & l'autre cas, le Billet de 100 livres se seroit trouvé au pair de 100 livres en argent, en supposant une égale confiance dans le Billet & dans l'Espece; que l'un se mesure par l'autre indistinctement & sans préférence, & en supposant encore, que les

1200 millions de livres d'Especes monnoyées qui étoient en France au mois de Fevrier 1720. à 60 francs le marc, & qui en faisoient 1650 millions en May suivant à 82 livres 10 sols le marc, y fussent encore après ce surhaussement.

Mais cela ne se fit point : on demeura indolemment dans la disproportion qui regnoit entre 2,696,400,000 livres de Billets, ou de Monnoye représentative, & 1,650,000,000 livres d'argent, ou de Monnoye représentée ; ce qui faisoit un vuide impossible à remplir de 1,046,400,000 livres.

En vertu de l'Arrêt du 3 Juin on brûla 400 mille Actions; celles restantes furent fixées à 200 mille. On rétablit sur la Ville vingt-cinq millions de livres de rentes annuelles & perpétuelles au denier 40. par Edit du mois de Juin.

Il n'y avoit plus qu'un parti en France qui étoit celui des Actionnaires, dont l'intérêt commun désiroit ardemment l'avantage de la Compagnie : ce rétablissement des rentes le divisoit en deux partis, qui ayant des intérêts opposés, travailloient à se décrier & à se détruire mutuellement. Ce qu'il y a de vrai, c'est que les constitutions ne pouvant pas circuler comme la Monnoye, sont à charge à l'Etat & inutiles au Commerce : en rétablissant ces rentes on ôte un fonds immense & des hommes du Commerce ; on favorise le rentier & le préteur d'argent, qui sont regardés comme faisant à peu près la milliéme partie de l'Etat, aux dépens du plus grand nombre, des Laboureurs & des hommes d'Induſtrie, qui forment la partie de l'Etat la plus nombreuſe & la plus conſidérable. C'eſt cependant elle qui ſoutient l'Etat, la Nobleſſe & les autres citoyens; c'eſt de ſon travail que nous tirons toutes nos richeſſes: ſon intérêt, étant celui du plus grand nombre, auroit bien dû l'emporter.

Ces rentes cauſent ordinairement l'aviliſſement des biens fonds, la négligence dans la culture de la terre, & l'inaction dans le commerce: certainement la valeur des biens-fonds & de l'induſtrie eſt infiniment ſupérieure à celle des rentes conſtituées & de l'argent; il étoit donc juſte & conforme à l'intérêt du Public, de donner la préférence aux biens-fonds, & d'augmenter le prix des biens qui sont en plus grande quantité. Ces rentes constituées ne peuvent se convertir aisément en argent ; dès-là elles ne sont d'aucun secours au commerce. Il n'en étoit pas de même des Actions ; elles étoient d'une communication aussi facile que l'argent ; elles portoient le même intérêt que les contrats, & on avoit la facilité de pouvoir s'en servir dans les besoins journaliers : on les acqueroit & on s'en défaisoit aussi facilement que de l'argent. Elles avoient, comme on le voit très-bien, les qualités d'une Monnoye courante, produisant de l'intérêt : dès-là l'Action étoit beaucoup plus utile à l'état, & même aux particuliers propriétaires ; cela n'est pas douteux. Toutes ces raisons avoient porté le Gouvernement au remboursement de ces rentes. En les rétablissant, & en détruisant les bons effets des opérations, qui nous avoient tirés de la misere & conduits à l'abondance, nous rappellons la paresse & l'oisiveté, nous travaillons à diminuer l'Industrie, & la culture des Terres, source de tous les biens d'un Etat. On avoit réduit toutes les dettes de l'Etat à 48 millions par an : on les a augmentées, en retrogradant dans la route qui les avoit diminuées.

La demande du Billet étoit affoiblie, & celle de l'Espece augmentée ; le Billet perdoit le 10. Juin 11 ½ pour cent sur la Place. Dans cet état la diminution des Especes ne convenoit point du tout ; parce que suivant les principes du Credit, établis ci-devant, *diminuer l'Espece c'étoit hausser le Bil-*

let. Or hausser le Billet, dans le temps qu'il perdoit contre l'Espece, c'étoit augmenter sa perte, & faire par conséquent une mauvaise opération. Cependant on le fit dans la vûe de donner plus de faveur au Billet, & de faire baisser le prix des Denrées, Arts & Fabriques, par l'Arrêt du Conseil du 10. Juin, qui réduisit le marc d'argent au premier Juillet à 75 livres, & au 16. à 67 livres, 10 sols.

La Compagnie des Indes retroceda 25 millions des 48 à elle affectés : on ordonna une conversion de 3 Actions en deux. La Compagnie retroceda encore 18 millions restans des 48 à elle affectés : il ne lui restoit plus qu'un million en Actions rentieres, & 4 millions en rentes viageres.

Par Arrêt du 22. Juin, on nomma des Commissaires généraux du Conseil, tant de la Banque que de la Compagnie des Indes, pour tout ce qui concernoit l'administration de l'un & de l'autre, &c. Je dirai ici, en passant, qu'on ne fait pas, ce me semble, assez attention que les principes, les formes, & l'esprit même de la judicature, sont absolument opposés aux principes de la Finance, du Crédit & du Commerce.

Par Arrêt du 26. Juin on fabriqua encore pour 100 millions de Billets de 100 & de 10 livres, timbrés du mot *Division*. Et le 28. on en brûla à l'Hôtel de Ville pour . . . . 116,803.000 liv.

On en brûla encore le premier Juillet pour . . 155,850,000.

272,653,000.

Les 1650 millions d'Especes, qui étoient dans le Royaume à

82 livres, 10 sols le marc, furent réduits par la diminution du premier de Juillet à 1500 millions à 75 livres le marc. Ces 1500 millions ne pouvoient pas faire face au 2,423,747,000 livres de Billets ; puisqu'en ce cas l'Espece étoit au Billet, comme 61 $\frac{88}{100}$ étoit à 100 : c'est-à-dire, qu'en supposant autant de confiance dans le Billet que dans l'argent, le Billet de 100 livres n'étoit au pair que de 61 livres, 17 sols, 9 deniers en argent ; ce qui prouve encore qu'au lieu de diminuer l'Espece, il la falloit augmenter au contraire.

Mais le Billet étoit dans un grand discrédit ; notre argent passoit chez l'Etranger : la perte prodigieuse de 22 pour cent, que nous présente le cours du Change étranger sur tout notre Commerce, en est une preuve invincible. Le commerce illicite, qui se faisoit alors de nos Especes, en fournit une autre preuve encore incontestable. Car la méfiance devint si grande & si universelle, que tout le monde couroit après l'or & l'argent, pour le resserrer. On donnoit 100 livres & plus, en Billets d'un Louis d'or de 20 au marc, des autres à proportion ; ce qui causoit dans le Commerce un désordre d'autant plus considérable, que l'on ne pouvoit pas penser que ceux qui les achetoient à ce prix, les remissent dans le Public sur le pied de 56 l. 5 s. qui étoit leur valeur, ce qui augmentoit la rareté de l'argent. Dans la vûe d'arrêter ce désordre, la Cour des Monnoyes ordonna par son Arrêt du 3 Juillet 1720. l'exécution des Ordonnances, & notamment de la Declaration du 8 Fevrier 1716. qui prononce, contre ceux qui vendent & achetent, ou marchandent des especes ou des matieres d'or ou d'argent, à plus haut prix que celui porté par les Edits, Declarations & Arrêts, la peine du carcan, &c.

Ce même jour 3 Juillet, le Billet de 100 livres ne valoit que 65 livres sur la Place ; ainsi il perdoit 35 livres.

Le 4 Juillet on fit pour la seconde fois des défenses de porter ou faire entrer dans le Royaume des diamans, perles & autres pierres precieuses, & pour empêcher qu'on ne realisât en vaisselle d'or & d'argent, on ordonna par Arrêt du 6 Juillet l'execution de la Declaration du 18. Fevrier précedent, &c.

Ces défenses nous montrent bien clairement que l'argent étoit bien recherché, & qu'il s'ensevelissoit tous les jours de plus en plus sous les ruines de la confiance, qui n'existoit presque plus ; qu'il restoit seulement quelque espérance legére que le Gouvernement, qui faisoit ce qu'il pouvoit pour faire circuler l'argent, n'abandonneroit pas un crédit, dont il avoit senti l'utilité & la nécessité. Le Public étoit persuadé que l'on feroit toutes sortes d'efforts pour le rétablir ; cette espérance avoit mis dans les esprits une disposition à la confiance, qui avec l'envie du gain, & l'habitude contractée de négocier indifféremment avec des Billets, ou avec de l'argent, faisoit encore trouver de l'or & de l'argent sur la Place pour des Billets : mais ceux qui auroient dû travailler à nourrir & entretenir cette confiance, n'étoient au contraire occupez que des moyens de l'affoiblir & de l'étouffer, afin de perdre l'Auteur du système, dont les vûes cependant étoient très-bonnes. On ne sçauroit penser autrement; son projet, qui étoit de procurer l'abondance en France, étoit noble & grand; mais son ardeur à nous en montrer les effets un peu trop promptement, lui fit pousser le crédit un peu trop loin. Cet excès n'auroit point nui, s'il eût employé un an à faire ce qu'il fit en deux mois : ce tems auroit fait un établissement plus solide qu'il n'a été.

Le 9. Juillet on brûla 10139 Billets de 10000 livres à l'Hôtel de Ville, faisant 101,390,000 livres.

Le grand dessein de M. Law avoit été d'établir un crédit public en France, qui pût y attirer l'abondance, & qui étant dans tous les tems une ressource pour le Roy, engageât sa Majesté par son propre intérêt, à le soutenir & à le protéger: mais reconnoissant qu'il n'avoit pas donné à son crédit public les qualités nécessaires, pour le rendre sûr & solide dans notre gouvernement, il fit établir des comptes courans en Banque, & des viremens de parties, tant pour Paris, que pour les autres Villes de Commerce du Royaume, à l'exemple des Etats voisins, par Arrêt du Conseil du 13. Juillet, dont le fond fut fixé à 600 millions exempts de toute variation d'Especes. Les Lettres de change de 500 livres, & au-dessus, acquittées en écritures, à peine de nullité, &c.

Ce nouveau crédit, n'étant pas sujet aux demandes d'argent comme le Billet, ôtoit aux gens mal intentionnez les moyens d'épuiser la Banque : c'est pour cela qu'on le rendoit indépendant des mutations d'Especes. Il étoit utile, commode, & avantageux au Commerce en général, & à chaque Négociant en particulier, par les facilitez qu'il donnoit pour les remises de place en place, sans frais, sans dépenses de Caissiers, sans pertes sur les mécomptes & sur la mauvaise Monnoye qui peut se glisser avec la bonne, sans courir de risques, & encore par la sûreté qu'il procuroit dans les payemens.

Ce crédit prévenoit tous les inconvéniens du systême : le fonds n'en étoit pas exigible par

le

le Roy. Il étoit d'une ſomme bien inférieure à celle de la Maſſe des Eſpeces qui étoient en France : on ne l'introduiſoit point dans les petits détails du Commerce ſervile & domeſtique, parce que le menu Peuple ne l'entend point, & qu'il s'allarme facilement. C'eſt pourquoi il n'étoit ſubſtitué qu'à la place des ſommes de 500 livres & au-deſſus, afin de faciliter la circulation, & de ſuppléer aux Eſpeces, & non pour en ôter l'uſage, comme on a fait dans le ſyſtême. Ces trois qualitez ſont néceſſaires au crédit public.

Dans la ſituation où étoient les choſes, le compte en Banque étoit le ſeul moyen de rétablir les affaires & la circulation des Eſpeces. On auroit bien fait de l'établir plûtôt, parce que les 600 millions de Billets qui auroient formé son fonds, étant de moins dans le Public, auroient soulagé d'autant la Banque, & fortifié son crédit. D'ailleurs, celui-ci établi dans un tems d'abondance ou de prosperité auroit été à jamais solide & inalterable.

Suivant les Arrêts des 10. & 14. Juin, les Especes diminuerent encore le 16. Juillet; le marc d'argent fut réduit à 67 livres 10 sols, ce qui réduisit par conséquent les 1500 millions d'Especes qui étoient dans le Royaume à 75 livres le marc, à 1350 millions, à 67 livres 10 sols le marc d'argent.

Les 16. 23. & 30. Juillet, on brûla encore à l'Hôtel de Ville des Billets de Banque, pour la ſomme de . . . . 223,713,030 livres.

On en avoit déja brûlé les 28. Juin, 1. & 9. Juillet précedens pour . . . . 374,043,000.

Le 30. Juillet au ſoir, on avoit donc brûlé pour . . . . 597,756,030.

La maſſe des Billets de Banque étoit de . . . . 2,696,400,000.

Des 100 millions timbrés *diviſion*, ordonnez le 26. Juin, il n'y en avoit de faits, ou de ſcellez le 30. Juillet ſuivant, que pour . . . . 40,140,000.

TOTAL des Billets faits le 30. Juillet . . . . 2,736,540,000.

Il en a été brûlé ci-deſſus pour 597,756,030 livres.

Reſtoit au tréſor de la Banque en bons Billets pour	34,782,500 liv.	36,038,500.	633,794,530.
En Billets bâtonnez, pour . . .	1,256,000.		

Par conſéquent il ne pouvoit y avoir dans le Public, & dans les autres Caiſſes des débouchez indiquez que pour . . . . . 2,102,745,470.

Voilà le compte exact de ce qu'il y avoit de Billets de Banque, scellez & distribuez le 30 Juillet au soir, & il n'y avoit dans tout le Royaume que 1350 millions d'Especes à 67 livres 10 sols le marc. Ces Especes circuloient très-peu ; plus on les diminuoit, plus on les recherchoit, & plus on les resserroit. En consultant le cours des Changes, avant & après cette derniere diminution d'Especes du 16. Juillet, on trouvera qu'elle augmenta notre désavantage de 7 $\frac{3}{8}$ pour cent avec la Hollande, & de 6 $\frac{7}{8}$ pour cent avec l'Angleterre. Ce qui prouve que la réduction du Billet, portée par l'Arrêt du 21. Mai, étoit une opération nécessaire en l'état où étoient les choses alors, & qu'à son défaut il falloit hausser la valeur numéfaire de l'argent, & non pas la diminuer, puisque selon nos principes, *diminuer le Billet, & hausser l'Espece*, produisoient le même effet.

Plus on diminuoit l'Espece, plus le Billet perdoit contre l'argent : la perte commune de celui de cent du 16. au 30. Juillet fut de 52 ½ de cent.

Voilà la situation où étoient les affaires, lorsqu'enfin on obéit à la nécessité indispensable où l'on étoit à la fin du mois de Mai, d'augmenter la valeur numéraire de l'argent. On voit même que l'on auroit dû le faire, dès que la réduction du Billet avoit été rejettée, c'est-à-dire dès le 27. Mai : attendre plus longtems, c'étoit donner à la méfiance le loisir de faire des progrès, de resserrer les Especes, ou de les faire passer chez l'Etranger. Enfin on y vint, mais trop tard : l'Arrêt du Conseil du 30. Juillet, publié le 31. porta le marc d'argent de 67 livres 10 sols où il étoit, à 120 livres, dans la vûe de ranimer la circulation, & d'ôter tout prétexte de resserrer les Especes. On étoit donc comme forcé de faire ce surhaussement ; non pas qu'on le crût avantageux, mais pour sauver de plus grandes pertes à l'Etat, & parce que de deux maux il faut éviter le plus grand. Cet exemple, comme on le voit, ne peut servir à prouver la nécessité de hausser les Especes ; il n'est donc pas favorable à l'objection qui fait le sujet de cet article : c'est ce que j'avois entrepris de faire voir.

Suivant cet Arrêt du 30. Juillet, les Especes surhaussées diminuoient dès le premier Septembre à 105 livres le marc d'argent. Le 16. à 90 livres. Le premier Octobre à 75 livres, & le 16. à 60 livres.

Cette augmentation de la valeur numéraire de nos Monnoyes faite dès le moment que l'Arrêt du 21. Mai fut révoqué, c'est-à-dire, dès le 27. auroit produit le même effet, que la réduction du Billet portée par cet Arrêt : Mais le 30 Juillet, que la demande du Billet avoit perdu tout son feu, que tout le monde en étoit dégoûté, & cherchoit à s'en défaire, à quelque prix que ce fût, & que beaucoup de gens avoient remarqué que les opérations qui se faisoient, portoient à faux, cette augmentation devenoit moins nécessaire & moins utile, ne pouvant plus produire le même avantage.

D'ailleurs, la disproportion entre le Billet & l'Espece n'étoit plus la même; car il y avoit à la fin du mois de Mai, pour 2 milliards, 696 millions, 400 mille livres de Billets de Banque; & au prix qu'étoient les Especes, il y en avoit dans le Royaume pour 1650 millions, le marc d'argent à 82 livres 10 sols, en supposant qu'il n'en fût pas sorti depuis le mois de Février. Ainsi la Monnoye représentative étoit à la Monnoye représentée, comme deux milliards, 696 millions, 400 mille, sont à un milliard, 650 millions, ou comme 1 $\frac{63}{100}$ est à 1; c'est-à-dire, que l'Espece étoit au Billet dans ce rapport de 1 à 1 $\frac{63}{100}$, ou que 61 livres 7 sols étoient au pair du Billet de Banque de 100 livres.

Le 30. Juillet, que la création des Rentes sur la Ville avoit retiré du Public pour 5. à 600. millions de Billets de Banque; le compte en Banque ouvert le 20. avoit peut-être retiré 100. millions, & on en avoit de brûlez ou de prêts à brûler pour 599,012,030. livres; ce qui faisoit 1 milliard, 299 millions 12. mille 30. livres de Billets, retirés du Commerce, lesquels étant ôtez des 2. milliards 736. millions 540. mille livres de Billets faits jusqu'audit jour 30. Juillet, il ne restoit, dans le Public que pour 1,437,527,970. livres de Billets.

Avant cette augmentation il y avoit en France 1350. millions d'Especes à 67. livres 10. sols le marc, lesquels 1350. millions d'Especes auroient pû faire face aux 1437. millions de Billets ci-dessus, si la demande du Billet eut été égale à la demande de l'argent, & en supposant toujours qu'il n'étoit pas sorti d'Especes du Royaume depuis le mois de Février. Dans ces deux suppositions, l'augmentation des Monnoyes du 30. Juillet n'étoit plus nécessaire.

Mais la confiance ayant enseveli les Especes sous ses ruines, & le Public ayant voulu renverser la Banque en retirant tout l'argent, soit pour le resserrer, soit pour le faire passer chez l'Etranger, le gouvernement pour soutenir les affaires publiques, n'avoit pas d'autre moyen que celui de hausser les Especes, afin de les attirer quoiqu'avec perte: on gagne souvent en perdant à propos. Le préambule du fameux Arrêt du 21. May est une preuve, qu'il n'ignoroit pas que tout surhaussement de Monnoye étoit onereux au Roy & à l'Etat. C'est pour cela sans doute qu'il avoit eu de la peine à en venir à ce dangereux moyen; c'est donc le défaut de confiance qui le força à faire cette augmentation.

Il faut convenir que ce surhaussement de Monnoye étoit moins nuisible à l'Etat, & se faisoit beaucoup moins sentir dans le tems que le Commerce se faisoit avec des Billets de Banque, dont la quantité surpassoit celle des Especes, que dans un tems où le Commerce se fait avec le seul argent.

Toutes nos Especes n'étoient plus en France; le défaut de confiance de la part du Sujet & de l'Etranger en avoit fait sortir beaucoup. Supposons pour un moment que des 1300. millions de livres d'Especes à 65. livres le marc, qui étoient en France lors de l'Arrêt du 21. May, il en fût sorti 500. millions : le restant, 800. millions, étoient des Especes à 65. francs le marc : l'Arrêt du 30. Juillet le met à 120. livres le marc. Sur ce pied les 800. millions faisoient 1,476,923,076. livres après cette augmentation. Nous venons de voir qu'il n'y avoit alors dans le Public que pour 1,437,527,970. livres de Billets de Banque; le Billet & l'Espece pouvoient donc trèsbien aller de pair ensemble: aussi y étoient-ils sur la place, le premier, & le 2. du mois d'Août suivant, c'est-à-dire, le lendemain & le sur-lendemain de cette augmentation. Mais cela ne dura pas ; la confiance tomboit à vûë d'œil : les Billets de 100. livres retomberent aussi dès le 3 Août à 95, le 5 à 88, le 6 à 75, les 7 & 9 à 80. le 12 à 71, les 13 & 14 à 90, le 17 à 76, les 19 & 21 à 82, les 22 & 23 à 72, le 26 à 31, les 27, 28 & 31 à 33 livres. Ainsi la perte commune du Billet contre l'Espece pendant le mois d'Août fut de $31\frac{1}{6}$. de 100.

Les valeurs de ces Billets sur la place nous présentent au naturel les effets de la défiance, ou du défaut de confiance. La demande du Billet n'étoit plus égale à celle de l'Espece; celle du Billet étoit presqu'anéantie; il tomboit à vûe d'œil. Pour que cette augmentation de Monoye eût produit un bon effet, il falloit de la confiance, & personne n'en avoit; on ne vouloit plus de Billet, on en étoit dégoûté , tout le monde couroit à l'argent. C'eſt donc le ſeul défaut de confiance qui a cauſé le diſcrédit du Billet & la chûte du ſyſtême , & qui a forcé le Gouvernement à l'augmentation des Monnoyes.

Il eſt vrai que le Gouvernement avoit donné de fortes atteintes à la confiance publique , en multipliant le Billet au point où nous le voyons , & que par conſéquent il s'étoit mis dans le cas d'être obligé de faire un pareil ſurhauſſement des Eſpeces , pour arrêter le paſſage rapide qui s'en faiſoit chez l'Etranger.

Ce ſurhauſſement des Monnoyes a contribué à l'augmentation du prix de toutes choſes , & en cela il a fait un mal à l'Etat , que n'auroit pas fait la réduction du Billet : mais cette réduction étant rejettée, il n'y avoit pas à balancer ; il falloit dès le moment hausser l'Espece, parce que suivant les principes du crédit public, *hausser l'Espece, c'étoit diminuer le Billet*, & que de deux maux il faut toujours éviter le plus grand.

Si cette réduction du Billet avoit eu son exécution sans alterer sa demande, elle auroit soutenu le crédit, qui seroit devenu plus solide que jamais ; elle auroit empêché la sortie de nos Especes, ou plûtôt on n'y auroit pas pensé ; elle auroit déchargé le Roy en un seul jour de 1348. millions, 200. mille livres, en réduisant la masse des Billets à cette somme. Cette réduction étoit un *Visa*, mais un Visa appuyé sur les véritables principes du crédit ; un Visa, dont l'Auteur cherchoit plûtôt à rétablir les affaires, qu'à perſecuter ; un Viſa qui n'attaquoit point du tout la liberté publique, puiſqu'il ne forçoit perſonne à donner des déclarations & des origines de ſon bien; qui par conſéquent n'avoit aucun beſoin de compulſer les Actes & les Contrats paſſez pardevant les Notaires depuis un temps, ni de fouiller dans les ſecrets des familles. Ce Viſa portoit ſur-tout le monde indiſtinctement, & ſans préference de qui que ce ſoit; mais il ne preſentoit pas les moyens de vanger les haînes perſonelles, & de s'enrichir aux dépens d'autrui. Il ne preſentoit pas non plus, ſous une fauſſe apparence d'ordre, la confuſion & l'erreur; il ne s'y agiſſoit ni de differentes claſſes, ni d'un Tableau dreſſé par le caprice ; il ne deshonnoroit pas le ministere ; il ne soumettoit pas la Magistrature à la révision & aux corrections d'un Commis ; il ne bannissoit pas la bonne foi & la confiance ; il ne punissoit pas séverement l'obéïssance qu'on avoit eûe aux volontez du Gouvernement ; il se faisoit sans dépenses & sans frais. Enfin, je le répete, il déchargeoit l'Etat en un seul jour de 1348. millions, 200. mille livres, en ne retranchant qu'une partie des gains qui avoient été faits, si on excepte un très-petit nombre, qui furent les derniers remboursez, ausquels il étoit réellement préjudiciable, & que l'Etat auroit pû dédommager dans la suite ; & ces dédommagemens n'auroient pas été si haut qu'on se l'imagine.

L'operation de ce *Visa*, n'étoit pas fausse comme l'a été celle du VISA de 1721 (*a*), qui constamment a fait autant de mal à l'Etat, que le systême lui avoit fait de bien. Cette vérité

(*a*) Le montant des effets presentez à ce fameux *Visa* étoit de deux milliards, deux cens vingt-deux millions, cinq cens quatre-vingt dix-sept mille, quatre cens quatre-vingt une livres.

Il en est sorti pour dix-sept cens millions, sept cens trente trois mille, deux cens quatre-vingt-quatorze livres: par conséquent, il n'a déchargé le Roy que de *cinq cens vingt-un millions, huit cens soixante-quatre mille, cent quatre-vingt-sept livres*, suivant le Procès Verbal du résultat de ce *Visa*, du 11. Septembre 1728.

Ce *Visa* a coûté neuf à dix millions d'Especes, avec lesquels on auroit pû retirer en Janvier & Fevrier 1721. pour plus de 150. millions de Billets de Banque au cours de la place, qui ne donnoit que 69. livres 10. sols & 55. livres 10. sols du Billet de 1000. Ainsi on peut dire, que la perte commune entre ces deux prix fut de 33. livres 10. sols, & conséquemment que ce célébre *Visa* ne dechargea le Roy & l'Etat que de 368. *millions*, 18 *mille*, 187. *livres*; ce qui ne seroit pas difficile à démontrer. Il est bien étonnant qu'on ait pû se laisser surprendre à un projet de cette espece, & l'accepter. Sa seule opération commençoit par avilir & détruire tout le bien qui avoit été fait : il ruinoit par des moyens odieux ceux qu'on supposoit avoir gagné, sans rétablir la perte des malheureux. C'étoit-là cependant le prétexte spécieux sous lequel il fut présenté : mais cette funeste opération, qui ne doit faire aucun tort à

est un peu éloigné de 1348. millions 200. mille livres, dont la réduction du Billet déchargeoit l'Etat & le Roy. Ainsi l'Etat & le Roy ont perdu plus de 980. millions. Cet article important mérite bien que nous entrions dans un plus grand détail, afin de faire voir avec plus de précision ce que l'opération de ce *Visa* a coûté à l'Etat. C'est ce que nous montrera le calcul de la valeur des effets avant & après le *Visa* placé à la fin de cet article.

la mémoire du Régent, dont les intentions étoient droites, & qui l'avoit même rejettée dès le mois de May, comme un projet odieux & contraire aux intérêts du Roy & du Public, & auquel il ne consentit que malgré lui, cette opération, dis-je, n'est pas de mon sujet, ainsi je ne crois pas devoir m'y arrêter.

La masse des Billets, réduite à 1348. millions 200. mille livres, se seroit trouvée, à peu de chose près, au pair de la masse des Especes, c'est-à-dire, 1300. millions de livres qui étoient dans le Royaume; en sorte qu'après cette réduction, 100. liv. en Billets auroient été exactement au pair de 96. liv. 8. s. 6. deniers d'Especes à 65. francs le marc; ce qui faisoit 1. marc $\frac{31}{64}$. d'argent monnoyé pour un Billet de 100. & du Billet de 100.

réduit à 50. on auroit eu 48. livres 4. sols 3. deniers ou les $\frac{95}{128}$. d'un marc d'argent.

Après l'augmentation des Especes du 30. Juillet, & attendu la sortie de notre argent (supposée de 500. millions de livres) 100. livres en Billets égaloient 100. livres en argent : mais cet argent étoit à 120. livres le marc ; le Billet de 100. francs ne valoit par conséquent que les $\frac{5}{6}$. cinq sixiémes d'un marc d'argent. Or la réduction du Billet à sa moitié donnoit du Billet de 100. réduit à 50. les $\frac{95}{128}$. parties du marc d'argent : le surhaussement donne de ce même Billet de 100. non réduit, les $\frac{5}{6}$. parties du même marc ; donc la réduction du Billet annoncée par l'Arrêt du 21. May, donnoit $\frac{70}{758}$. du marc d'argent ; plus que le surhaussement.

Aussi valoit-elle mieux de toutes façons pour l'Etat.

Dans le courant du mois d'Août suivant, la perte commune du Billet de 100. francs ayant été de 31. $\frac{1}{6}$ livres, sa valeur commune n'étoit par conséquent que de 68 $\frac{5}{6}$ livres. Or 68 $\frac{5}{6}$. livres, dont les 120. formoient le marc, ne faisoient que les $\frac{57}{100}$. parties du marc. La réduction du Billet en donnoit les $\frac{95}{128}$. qui surpassent les $\frac{57}{100}$. de $\frac{2224}{12800}$. Donc la réduction du Billet donnoit plus d'un sixiéme $\frac{1}{6}$. de marc d'argent de plus du Billet de 100. que n'en donnoit ce surhaussement de Monnoye fait trop tard.

Pendant le mois de Septembre suivant, la valeur commune du Billet de Banque de 100. fut de 45 $\frac{1}{2}$. livres : or 45. livres 10. sols, dont les 105. font le marc, faisoient les $\frac{13}{30}$. parties du marc. On vient de voir qu'après le surhaussement on en avoit les $\frac{57}{100}$. Donc la diminution des Especes du premier du mois, qui réduisoit le marc d'argent à 105. liv. donnoit $\frac{41}{300}$. de marc moins que le surhaussement ; ce qui prouve que cette diminution n'étoit point nécessaire, & qu'au contraire elle fut nuisible au bien de l'Etat. Si on consulte le cours du Change Etranger, on trouvera que notre Commerce étoit dans un défaut prodigieux sur les équivalens à fournir de notre part, & que nous étions les perdans & les victimes, non pas du systême, parce que le systême en soi étoit avantageux à l'Etat, mais des ennemis de ce systême & de son Auteur.

Ce systême auroit continué de nous être avantageux, s'il

n'eût pas été surchargé. C'étoit un très-bel édifice fait par un habile Architecte, mais dont les fondemens n'avoient été faits que pour porter trois étages. En cet état, cet édifice faisoit l'admiration de toute la France & l'envie de nos voisins, qui en étoient réellement allarmez. Sa beauté surpassa même toutes les espérances que l'on en avoit conçûes, puisqu'il fit mépriser & refuser l'or & l'argent. C'est une espece de miracle que la posterité ne croira point ; cependant il est notoire, qu'il a été un tems de plusieurs mois, que personne n'en vouloit. Enfin, sans égards au bien public & aux avantages que l'Etat pouvoit retirer de cet établissement, il se forma une puissante cabale contre l'Architecte, qui avoit élevé cet édifice ; & pour le renverser, elle eut

eut assez de crédit pour engager le Gouvernement à surcharger, ou à élever cet édifice jusqu'à sept étages malgré l'Architecte (*a*) ; en sorte que les fondemens ne pouvant porter cette surchage, ils s'écroulerent & l'édifice tomba de fond en comble. On s'en prit à l'Architecte, & on dit, que s'il n'avoit pas donné l'idée de cet édifice, & qu'il ne l'eût pas construit, il n'auroit pas écroulé : cela est exactement vrai ; mais il est vrai aussi, que si on ne bâtissoit point de maisons, il n'en tomberoit point, & qu'il n'y en auroit jamais de brûlées. Si le feu y prend par quelqu'accident que ce soit, s'avise-t-on d'en rejetter la faute sur l'Ar-

[*a*] C'est le Roy qui le dit dans le fameux Arrêt de son Conseil du 21. May 1720.

chitecte qui l'a bâtie, & de dire que s'il ne l'avoit pas construite, elle n'auroit pas été brûlée? Il est pourtant vrai aussi, que s'il ne l'avoit pas bâtie, le feu ne l'auroit point consumée. Ainsi ce n'est pas au systême, ni à son Auteur, que nous devons nous en prendre; c'est à la fureur de ses ennemis : ce sont eux qui ont fait tout le mal, & qui ont détruit jusqu'aux moindres vestiges de ce systême, non pas parce qu'il ne valoit rien, mais parce qu'il venoit d'un homme, qui vouloit simplifier & percevoir les revenus du Roy d'une maniere moins onereuse aux peuples, en égaler la repartition, en bannir l'obscurité & la confusion, acquiter les dettes de l'Etat & celles de particulier à particulier, & qui vouloit aussi, en introduisant la simplicité & l'abondance dans ce Royaume, ſupprimer une multitude de Procès.

Il n'eſt pas difficile de concevoir que l'exécution de ce grand & noble projet rendoit inutiles tous les talens onéreux de l'ancienne Finance, dont le corps étoit très-grand & très-étendu. La Robe, par l'extinction des Procès, s'y trouvoit auſſi un peu intéreſſée : on ſe réunit donc pour traverſer les progrès du ſyſtême, & pour renverſer ſon Auteur. En effet, ce ſyſtême fut abandonné, la Cabale le fit périr : on en voit ici les véritables cauſes. On a jugé de ce ſyſtême par ſon ſuccès, & on l'a condamné à cauſe de l'accident imprévû qui l'a dérangé. On a confondu les vrais principes avec les abus que l'on en a fait ; mais ſi nous avions été plus ſages & plus pénétrans, nous aurions demêlé le faux d'avec le vrai, & nous nous serions servis de l'un en rejettant l'autre; c'est le parti que nous devions prendre, au lieu duquel nous avons tout confondu & tout détruit, par une prévention assez folle, dont l'Angleterre & la Hollande ont sçû tirer des avantages contre nous. C'est ainsi que nous avons rejetté un excellent spécifique, parce qu'il étoit devenu mortel à celui qui en avoit pris avec excès.

On peut donc dire que le François, en rejettant la réduction du Billet à sa moitié, portée par l'Arrêt du 21. Mai 1720. agissoit contre son propre intérêt, puisqu'en donnant sa confiance au crédit public, & en recevant cette réduction du Billet, il auroit eu de son Billet de cent francs, réduit à cinquante livres, quarante-huit livres quatre sols trois deniers d'Especes à soixante-cinq francs le marc, & par son défaut de confiance, il n'en a pas eu dix francs l'un portant l'autre : il a donc perdu toute la différence par sa propre faute.

Par conséquent, nous pouvions par notre confiance éviter une très-grande partie de nos pertes, tant sur la Monnoye de crédit, qu'à cause des prix excessifs où les denrées furent portées par les opérations qui furent faites. La disette de certaines choses, la grande demande, ou la grande consommation, l'empressement à réaliser en denrées de toute nature, pour éviter la perte sur les diminutions d'Especes faites à contre-tems, leur affoiblissement, les murmures excitez par les différentes passions, &

la défenſe de refuſer le Billet dans les payemens, furent autant de cauſes qui contribuerent à la cherté de ces denrées. La réduction du Billet à ſa moitié, en réparant tout le mal qui avoit été fait, nous auroit garantis de tous ces malheurs.

On ne doit pas préſumer de ce que je dis dans cet Article, & du ſyſtême & de ſon Auteur, que j'aye été favoriſé de l'un & de l'autre, & que la reconnoiſſance m'engage à les juſtifier; ce n'eſt en vérité pas mon deſſein: j'aime la vérité, & je la dis, en rendant juſtice à qui elle eſt dûe. A l'égard de la fortune, il paroit dans mon état & dans ma ſituation, que je ne ſuis point de ſes favoris; & tous ceux de qui j'ai l'honneur d'être connu, ſont perſuadés de la vérité de ce que je dis ici.

CALCUL DE LA VALEUR *des Effets, avant & après le Visa de 1721. balancée l'une avec l'autre.*

POur connoître si l'opération du fameux *Visa* de 1721. diminua la valeur des Effets publics, en diminuant leur quantité ; il faut chercher à combien montoit la valeur réelle en argent, de tous ces Effets présentez au *Visa*. Ces Effets étoient de différentes especes : le Billet de Banque étoit celui de tous qui avoit le moins de valeur ; ainsi en considérant le montant (2 milliards, 222 millions, 597 mille, 181 livres,) de ceux qui furent présentez à ce *Visa* (*a*), comme des Billets de Banque, on ne grossira pas les objets ; au contraire on les affoiblira.

Les bruits de cette opération, qui se répandirent plus de trois mois avant qu'elle fût ordonnée, & la suppression des Billets faite le 10. Octobre 1720. ayant considérablement affoibli la demande, & la valeur de ces Billets, aussi-bien que de l'Action, il faut pour trouver la valeur réelle de ces Effets en argent, remonter au moins en Septembre, parce qu'il ne seroit pas juste de calculer cette valeur sur le pied de la diminution, ou de

[a] *Suivant le Procès verbal du résultat de ce* Visa, *du* 11. *Septembre* 1728. *& la Déclaration du Roi du* 5. *Juin* 1725. *pour la levée du Cinquantiéme.*

l'avilissement de ces Effets, opéré, tant par le bruit de ce *Visa*, que par la suppression des Billets.

Or, la valeur commune du Billet de Banque de 100 francs, prise entre tous les prix de chacun des vingt-quatre jours de place que contenoit le mois de Septembre 1720. étoit 45 livres 10 sols, sur ce pied, les 2 milliards, 222 millions, 597 mille, 181 livres de différens Effets présentez au *Visa*, considérez comme Billets qui étoient les plus discréditez, valoient au moins la somme de 1,011,280,030 liv.

Le prix commun des actions remplies étoit de 6786 $\frac{2}{3}$ livres, & de celles non remplies 4709 $\frac{2}{3}$ livres, dont la valeur commune ou moyenne étoit 5748 livres, sur ce pied, les 125024 actions présentées au *Visa*, valoient en Billets 718 millions, 737 mille, 952 livres, qui à 45 livres 10 sols le Billet de cent, font . . . . 326,980,268.

TOTAL . . . . 1,338,260,298.

Par conséquent les Effets & les Actions présentez au *Visa*, au mois de Janvier 1721. formoient aux porteurs propriétaires & à l'Etat, de valeurs réelles avant le *Visa*, c'est-à-dire, à la fin de Septembre 1720. l'argent étant à 90 livres le marc, pour la somme de . . . . 1,338,260,298.

Suivant le Procès-Verbal & la Déclaration citez ci-dessus, tous ces Effets & ces Actions furent liquidez & réduits par le *Visa*.

SÇAVOIR.

Les Effets publics à la somme de 1700 millions, 793 mille, 294 livres, qui au sortir du *Visa*, en Avril, Mai & Juin 1722. valoient sur la place, 27, 25, 23, 22 & 20 pour cent en argent. Entre ces valeurs, la commune est 23 $\frac{2}{5}$ pour cent. Ces Effets ont valu bien moins dans la suite. (*a*) Mais pour donner plus de faveur à l'opération du *Visa*, comptons les à 25 pour cent : à ce prix, cette somme formoit par conséquent alors, une valeur réelle aux propriétaires & à l'Etat

[a] *Ils ont descendu à 19. 18. 17. & jusqu'à 16. pour cent.*

De l'autre part . . . . 1,338,260,298 livres.

de. . . . . 425,183,323 $\frac{1}{2}$ liv.

Les Actions furent liquidées au nombre de 55481 $\frac{6}{10}$. Elles valoient en argent après le *Visa*, 1000, 900, 850, 800, & 730 liv. [a] entre ces valeurs, la commune étoit 856 livres : à ce prix les 55481 $\frac{7}{10}$ Actions de la Compagnie des Indes valoient réellement la somme de . . . . 47,525,024.

TOTAL . . . . 472,708,347. liv.

Par conséquent, de toutes les valeurs réelles, qui existoient avant qu'il fût question du *Visa*, il n'en resta après lui, que pour la somme de 472 millions, 708 mille, 347 livres, l'argent étant à 75 livres le marc ; laquelle

(a) *Elles baisserent dans la suite au-dessous de 500. liv.*

Ci contre. . . . . 1,338,260,298 liv.

somme réduite en argent 190 liv. le marc, comme il valoit à la fin du mois de Septembre 1720, fait celle de . . . . 567,250,016 liv.

Il est donc clair que l'opération de ce *Visa* a fait perdre aux porteurs propriétaires, & à l'Etat, des valeurs réelles pour la somme de. . . . . 771,010,282. liv.

Cette opération étoit donc fausse & malfaisante, puisqu'en diminuant la quantité des Effets publics, elle diminuoit aussi leur valeur, & affoiblissoit d'autant la circulation, dans un tems de crise, où les besoins de l'Etat auroient exigé son augmentation, & cela sans réparer les pertes. Le *Visa* de 1715. dont il est parlé ci-devant, Article 5. page 92. & suivantes jusques à 97. produisit, comme on l'a montré, le même effet. Qu'il seroit heureux que nous nous désabusassions pour toujours de ces opérations odieuses de *Visas*, de *Chambres de Justice* & autres de cette nature. Toujours onéreuses à l'Etat, elles ne font qu'augmenter le malheur public, en interrompant le Commerce, & la consommation, & en affoiblissant la circulation par le resserrement de l'argent, que ces sortes d'opérations ne manquent jamais d'opérer, & par conséquent l'avilissement du prix de toutes choses.

Si aux 771 millions, 10 mille, 282 livres, ci-dessus, on joint neuf à dix millions d'Especes à 75 livres le marc, que ce *Visa* a coûté en frais, ces neuf millions réduits en argent, à 90 livres le marc, font 10 millions, 800 mille livres : ainsi on peut dire que le *Visa* a réellement coûté la somme de sept cens quatre-vingt-un millions, huit cens dix mille, deux cens quatre-vingt-douze livres : ci . . . . 781,810,292 liv.

Ce *Visa* a déchargé le Roy, comme on l'a vû ci-devant, Note [a] page 330. de 521,864,187 livres d'Effets, & de 69,542, $\frac{4}{10}$ d'Actions, lesquelles comptées sur le même piéd qu'elles valoient avant le *Visa*, (c'est lui faire grace,) 5748 livres en Billets, ce qui faisoit . . . . 399,730,415 liv.
laquelle jointe aux . . . . 521,864,187 liv.

d'Effets retranchez, on a . . . . 921.594,602 liv.
en Billets, lesquels à raison de 45 livres 10 sols, celui de 100, comme nous les avons comptés ci-dessus, font en argent, à 90 livres le marc, la somme de . . . . 419,325,543.

Par conséquent, tout compensé & rabatu, le *Visa* auroit encore fait perdre à l'Etat . . . . 362,484,749. liv.

Le Lecteur judicieux verra bien, qu'au lieu de caver au plus fort, je cave au plus foible, en donnant toute la faveur à l'opération que je combats, & en diminuant, autant qu'il est possible, le mal qu'elle a fait à l'Etat.

Au reste l'intention que j'ai eue en parlant de ce célébre *Visa*, sera remplie, si ce que j'en dis peut nous préserver pour jamais, de ces sortes de persecutions.

CHAPITRE II.

Dans lequel on examine, si l'augmentation de la valeur numeraire des Monnoyes a été réellement avantageuse aux Rois & aux Peuples.

ARTICLE I.

Si cette augmentation numeraire a produit le même progrès & la même augmentation dans les Fermes des terres & dans toutes sortes de Denrées.

L'Auteur, à la page 210. du Livre qui fait le sujet de ces remarques, s'explique ainsi (*a*). ,, Le progrès ou augmen-

(*a*) Pag. 202. & 203. de la 2. édit.

» tation des valeurs numérai-
» res a dû produire, & a pro-
» duit en effet, le même pro-
» grès & la même augmenta-
» tion dans les Fermes des
» terres, & dans toutes sortes
» de Marchandises ; ainsi la
» terre qui du tems de Saint
» Louis, s'est affermée cent li-
» vres, trente huit marcs d'ar-
» gent, doit s'affermer environ
» dix-neuf cent livres poids
» pour poids. »

Voici comme feu M. de Boulainvilliers s'explique dans sa douziéme Lettre sur les Etats Généraux & les Parlemens, au sujet de l'augmentation numéraire des Monnoyes : il répond en quelque façon à notre Auteur.

« L'augmentation de la va-
» leur de l'argent & la différen-
» te évaluation de la Monnoye,
» avoit tellement diminué le

» produit des Fiefs, qu'au lieu
» d'une pleine ſubſiſtance qu'ils
» donnoient auparavant à leurs
» poſſeſſeurs, d'où s'en ſuivoit
» l'obligation & la poſſibilité
» du ſervice, ils ſe trouvoient
» diminuez de plus des trois
» quarts de leur valeur primi-
» tive. Il eſt facile de le démon-
» trer, en obſervant qu'au tems
» du déclin de la ſeconde Ra-
» ce, qui eſt celui des infeoda-
» tions à prix d'argent, la livre
» de ce Métal étoit évaluée à
» 17. 18. & 20. ſols : d'où il
» ſuit que la terre engagée à
» un particulier, ſous la rede-
» vance d'un ſol, rendoit au
» propriétaire foncier au moins
» la vingtiéme partie d'une li-
» vre d'argent, & à proportion
» ſi l'infeodation étoit plus ou
» moins forte ; mais quand il
» eſt arrivé dans la ſuite que le
» ſol eſt devenu Monnoye ſans

» rapport au prix de l'argent,
» & que le marc ou la demie
» livre du même Métal a mon-
» té à 50. sols, l'infeodation
» d'un sol, ne s'est plus trouvée
» que la centiéme partie de la
» livre; & partant dès le tems
» de Saint Louis, la valeur
» des infeodations pécuniaires
» étoit déja réduite au cin-
» quiéme de son prix, c'est-à-
» dire, que 5. sols du tems de
» Saint Louis n'en valoient
» qu'un du premier tems, d'où
» il s'ensuit que la diminution
» étoit encore incomparable-
» ment plus grande sous le
» regne de Charles VII. puis-
» que le marc d'argent étant
» monté à 7. livres 10. sols en
» 1440. & par conséquent la
» livre à 15 francs, il falloit 15.
» sols de ce tems-là, pour éga-
» ler la valeur d'un sol, du tems
» des premieres infeodations.

» Abaissement prodigieux, & » qui doit donner une étrange idée de la nation, même » par rapport aux plus sensibles » intérêts : car il n'y a personne qui ne soit en état de » juger, combien il étoit aisé » de hausser les redevances pécuniaires, à mesure que l'on » haussoit le prix de l'argent. »

Si l'on vouloit pousser cette discution jusqu'à évaluer la perte présente, sur le pied de l'augmentation du prix de l'argent, il se trouveroit que le marc d'argent étant aujourd'hui, Juin 1735. à 50. livres, & la livre de ce Métal par conséquent à 100. francs, il se trouveroit, dis-je, que le sol de redevance, qui devroit être la vingtiéme partie de la livre d'argent, & qui l'étoit au premier tems, n'en est actuellement que la deux millieme partie. Ce qui pouroit à peine être cru, si le moindre calcul n'en faisoit une démonstration invincible. Il ne faut donc pas être surpris, si dès le tems de Charles VII. les Fiefs se trouvoient dans l'impossibilité de fournir le service, & si à present la plus grande partie ne fournit pas même la subsistance.

Selon M. de Boulainvilliers, les infeodations, ou les redevances en argent, n'ont pas haussé comme l'argent : cela étant évident, on peut dire que la terre, dont la totalité ou partie du revenu consiste en redevance en argent, qui du tems de Saint Louis étoit affermée 100 francs, n'est pas affermée 2000. aujourd'hui, comme elle devroit l'être. Donc il n'est pas vrai de dire, parlant en général & sans exception, *que le progrès ou augmentation numéraire* a produit *le même progrès & la même augmentation dans les Fermes des terres & dans toutes sortes de Marchandises*, comme le dit notre Auteur.

L'Auteur qui est l'objet de cet Ouvrage termine son quinziéme Chapitre par ces mots. (*a*) *Et comme par tout ce que nous avons dit, le Roy reçoit plus de numéraire* (b) *cette augmentation de paye* (c) *devient indifferente, & l'augmentation numéraire demeure toujours avantageuse au Roy & au peuple comme débiteurs.*

Si l'Auteur a raison, Louis XV. aujourd'hui regnant, recevant un plus grand numéraire qu'aucun de ses prédécesseurs,

(*a*) Pag. 208. de la deuxiéme édit.

(b) L'Espece étant haute, c'est ce que l'Auteur veut dire apparemment.

(c) C'est-à-dire l'augmentation de dépense occasionnée par celle de l'Espece. C'est ce que j'entends que veut dire l'Auteut par son augmentation de paye.

doit être beaucoup plus riche qu'aucun d'eux : si cela n'étoit pas, l'augmentation numéraire lui seroit contraire, & au peuple comme débiteurs.

Pour découvrir la vérité de ce fait, qui est aussi important que curieux & intéressant, je vais comparer les revenus de Louis xv. à ceux de Louis xii. de François i. de Henry ii. de François ii. & de Henry iii. ayant égard aux Etats que possedoient chacun de ces Rois, & à ceux que possede Louis xv. aujourd'hui ; aux Charges de chacun de ces Monarques, & aux prix des Denrées sous chacun de leurs regnes. Il est constant que celui qui avec son revenu, pourra avoir le plus de Denrées aux prix de son tems, sera certainement le plus riche. Ainsi, si par le résultat de ces comparaisons nous trouvons

Louis xv. plus riche que ses prédécesseurs, nous dirons comme l'Auteur, que *l'augmentation numéraire lui est avantageuse* : mais si au contraire nous le trouvons moins riche avec son plus grand numéraire, nous dirons que cette augmentation numéraire lui a été desavantageuse; qu'elle n'a pas produit le même progrès & la même augmentation dans les Fermes des terres &c. & que l'augmentation de la dépense, occasionnée par le haussement des Especes, & des Denrées, n'a pas été aussi indiferente à Sa Majesté, que l'Auteur le dit à la page 217. de *l'Essai politique sur le Commerce.*

ARTICLE II.

Comparaison des revenus de Louis XII. *avec ceux de Louis* XV.

PAr le dépouillement que j'ai fait d'un état qui se trouve au Liv. 3. du *Secret des*

Finances de Fromenteau, imprimé in-8°. en 1581. & qu'il dit avoir dreffé par ordre des Etats Généraux affemblez à Blois en 1576. & à Paris en 1580. fur les Etats des Tréforiers Généraux des Finances, fur les extraits tirez de la Chambre des Comptes, fur les Controlles & Baux affermez, fur les Commiffions & répartitions des fommes fur chaque Province & Généralité du Royaume, & enfin fur les comptes & cahiers qui étoient alors ès Archives des Maifons de Ville, qui ont fait les Rolles de répartition des Impôts énoncez en cet état, qu'il préfenta au Roy le premier Janvier 1581. il paroît que pendant le regne de Louis XII. qui commença le 6. Avril 1498. & qui finit le premier Janvier 1515. on leva des fujets de ce

Prince pendant les 16. ans 8. mois 24. jours de son regne, une somme de 306,667,116. livres, dont voici le détail

SÇAVOIR

Du Domaine. . . .	13,407,000. l.
Du 2. & du 3. Etat.	291,358,616.
Et du Clergé. . . .	1,901,500.
On leva donc pendant 16. ans 8. mois 24. jours . .	306,667,116.
C'est pour chacune desdites années.	13,439.594. 14. s. 4.

Suivant cet état, Louis XII. levoit de ses sujets année commune 13,439,594. livres 14. sols 4. deniers.

Mais si feu M. de Sully a raison, & que les revenus de ce Prince ne fussent que de 7,650,000. livres, comme il le dit

dit en ſes Œconomies Royales Tom. II. page 687. de l'édit. *in*-folio d'Amſtelrédam, il faut croire que dans ce tems-là, tout ce que le Sujet payoit n'entroit pas dans les coffres du Roy. Ce fait ne paroîtra pas étonnant à ceux qui ont vû, ou qui verront, le Diſcours que fit d'Effiat Surintendant des Finances en 1626. à l'Aſſemblée des Notables. (*a*) Les Tailles de ce tems-là montoient à près de 19. millions tous les ans, & il n'en entroit que 6. millions dans l'Epargne.

Suivant l'état dont nous venons de parler, Louis XII. avoit 13,439,594 livres, 14 ſols, 4 deniers de revenu, année commune, & ſelon le Duc de

(*a*) Mercure François Tom. XII. pag. 805. & 806.

Sully, il n'entroit dans les coffres de ce Prince, que 7,650,000 livres. Comme nous voulons caver au plus foible, plûtôt qu'au plus fort, nous nous fonderons sur ce que dit M. de Sully.

Suivant M. l'Abbé de S. Pierre, dans ses *Ouvrages politiques* (*a*), les revenus de Louis XV. en 1730. & années suivantes, étoient de 190 millions de livres : cependant les parties qu'il dit former cette somme, ne montent qu'à 187,399,090 livres, de laquelle il convient diminuer 5 millions pour le Cinquantiéme supprimé ; ainsi il ne restoit pour les revenus du Roy que 182,399,090 livres : mais afin de favoriser en tout le systême de l'Auteur de l'*Essai politique sur la Commerce*, comptons les de 200,000,000 livres.

[*a*] Tom. VIII. pag. 10.

Ci contre le revenu de Louis XV. *est de* . . . . 200,000,000 l.

1°. L'Auteur du détail de la France dit que [a] François I. avoit un cinquiéme moins d'états que Louis XIV. ainsi il faut d'abord déduire pour ce cinquiéme . . . . 40,000,000 l.

2°. Les rentes sur la ville de Paris que Louis XII. n'avoit point à payer, montent suivant un état des dépenses de 1724. à 47,300,000 l. M l'Abbé de S. Pierre en compte pour 75 millions [b] : mais elles ont été réduites, ainsi nous n'en compterons que pour 40,000,000 l.

3°. Gages des Payeurs desdites rentes 1,500,000.

(2° et 3°) 41,500,000.

4°. Droits de présence à 40 Fermiers Généraux ou Régisseurs, & leurs frais de voyages . . 1,096,000.

5°. Intérêt de 20 millions d'avance à 6 pour cent. . . . . 1,200,000.

6° Appointemens d'un Commis à chacun . . . . 120,000.

(4°, 5° et 6°) 2,416,000.

7°. Régie du controlle des actes, de la Capitation, intérêt des Charges & Offices, &c. . . . . 20,937,000.

(Total des déductions) 104,853,000. l.

Partant il ne reste de net à comparer que . . . . 95,147,000.

[a] *Deuxieme Partie, ch. 6.*

[b] *Tom. 8. pag. 18 & 19. La Déclaration du 5. Juin 1725. pour la levée du Cinquantiéme, en compte pour 51 millions.*

Louis XII. n'avoit point toutes ces charges à payer, sans compter les Tontines & autres dépenses que j'omets, & que je ne connois point, lesquelles diminuent d'autant les revenus de Louis XV. Ainsi on peut dire que ses revenus réduits à peu près aux mêmes charges & aux mêmes états qu'avoit Louis XII. ne passent pas 95 millions; mais pour donner toute la faveur à l'Auteur de l'*Essai politique*, comptons sur 100 millions.

On ne sçauroit me dire qu'il ne faut rien diminuer des revenus, attendu que pour comparer deux choses ensemble, il faut qu'elles soient de même genre ou de même dénomination : c'est pourquoi il a fallu réduire les revenus de Louis XV. à peu près dans le même état, où étoient ceux de Louis

XII. en ôtant ou en réduisant des premiers, non seulement le produit des Etats que n'avoit point Louis XII. mais aussi les Charges que paye Louis XV. & que Louis XII. n'avoit point à payer. D'ailleurs je ne compte les revenus de Louis XII. que de ce qui entroit de net en ses coffres, & je ne réduis pas tant ceux de Louis XV.

En cet état il s'agit de sçavoir si Louis XV. avec 100 millions est aujourd'hui plus riche que ne l'étoit Louis XII. avec 7,650,000 livres. Pour le connoître il faut avoir recours aux prix des Denrées sous chacun de ces regnes; & celui qui avec son revenu pourra avoir le plus de Denrées aux prix de son temps, sera constamment le plus riche.

Je trouve dans la réponse

de Jean Bodin au paradoxe de Maleſtroit ſur l'encheriſſement de toutes choſes, page 11. & 12. que l'an 1508. la Coutume d'Auvergne fixa le mouton gras avec ſa laine

à	5. ſ.	
Le chevreau à	1.	6. d.
La poule à		6.
Le conin ou lapin à		10.
L'oiſon à		6.
Le veau à	5.	
Le cochon à		10.
Le paon à	2.	
Le faiſan à	1.	8.
Le pigeon à		1.
La chartée de foin à 5 quintaux	15.	
Manœuvre de bras en été . . .		6.
En hyver		4.
Charroi de bœuf en hyver . .	1.	

En Bourbonnois la chartée de 12. quintaux de foin n'eſt priſée par l'article 555. de la

Coutume que	10.
Et en pré, ...	5.

Par la Coutume de (*a*) Troyes

(*a*) Le ſeptier eſt de ſeize boiſſeaux pezant 560 livres, & il vaut actuellement 20 à 24. livres ſuivant la réponſe que l'on m'a faite, qui eſt ci-après page 371.

en Champagne le septier de meilleur froment, mesure de

Troyes, n'est estimé que	20. s.
Le seigle . . . , ...	10.
L'avoine	5.
L'orge	7.
La journée d'un homme . . .	1.
Celle d'une femme	6. d.

Bodin ne dit point de quelle année est cette Coutume de Troyes. Comme il en parle immédiatement après celle de la Marche de 1521. on pourroit la croire de la même année ; cependant il paroît la fixer à l'an 1507, ou 1508. par ces mots : *Malestroit*, dit Bodin, *ne peut pas dire que depuis 60 ans tout n'aye encheri dix fois autant pour le moins*. Or Malestroit présenta ses paradoxes à Charles IX, au mois de Mars 1566. Bodin qui lui répond n'a pû écrire que l'an 1567. ou l'an 1568. qui est l'année qu'il fit imprimer sa réponse : ainsi

60 ans avant ne peuvent tomber que ſur l'année 1507. ou 1508. & ce ſeroit là l'année de la Coutume de Troyes. L'Auteur du Denier Royal pag. 92. la dit même de l'année 1500.

Bodin dit encore page 47. & 48. *que les Etats & les Deputez pour regler les Coutumes, n'ont pas ſuivi les plus hauts ni les plus bas prix ; mais la plus commune eſtimation qui étoit alors, comme nos Loix nous enſeignent ; & maintenant le Chapon n'eſt qu'à* 12. *deniers par toutes les Coutumes d'Anjou, Poitou, la Marche, Bourbonnois & autres,*

SÇAVOIR

Le chapon	1 ſ.	
La poule		6 d.
La perdrix	1.	3.
Le mouton gras avec ſa laine.	7.	
Le cochon		10.
Le mouton commun......	5.	
Le veau commun.........	5.	
Le chevreau.............	3.	
La charté de foin peſant 15. quintaux	10. *qui font*	

10. *botteaux pour un sol le botteau pesant 15. livres, c'est la Coutume d'Auvergne* dit Bodin ; & en continuant il nous assure qu'en Bourbonnois les 12. quintaux étoient

estimez	10. f.	
Le tonneau de vin	30.	
Le tonneau de miel	35.	
L'arpent de bois	2. 6. d.	
L'arpent de vigne	30 *de rente.*	
La livre de beure		4.
La livre d'huille de noix		4.
La livre de suif		4.

C'étoit du tems de Louis XII. *comme j'ai dit ci-dessus*, ajoûte Bodin.

Au mois de Mars 1735. je fis écrire en Auvergne, en Bourbonnois, & en Champagne, pour sçavoir quels sont actuellement en ces mêmes Provinces les prix communs de ces mêmes Denrées; & la réponse que j'ai reçue de chacune de ces Provinces est conforme au détail suivant pour l'Auvergne.

SÇAVOIR

	Prix ſous Louis XII. en 1508.	Prix ſous Louis XV. en 1735.
Moutons gras avec la laine	7. ſ.	10. liv.
Mouton commun	5	5. 10. ſ.
Le veau	5	9.
Le cochon 10. deniers mais je le mets à	10.	25. à 35.
Le chapon	1.	12.
La poule	6. d.	6.
Le pigeon	1.	3.
Le chevreau	1. 6.	15.
Le lapin	10.	12.
Les 100. bottes de foin de 15 livres	10.	7. 10.
Journées de manœuvre en Eté	6.	12.
Idem en hyver	4.	6.
La charge de froment peſant 240 livres	20.	12.
	61. ſ. 9 d.	72 l. 6 ſ.

On voit donc ici, que ce qui coûtoit en Auvergne en 1508 61 sols 9. deniers, y coûteroit aujourd'hui 72. liv. 6 f. ou 1446. f. c'est-à-dire 23 ½ fois plus qu'en 1508. voyons en Champagne.

	Prix sous Louis XII. en 1508.		Prix sous Louis XV. en 1735.	
Le septier du meilleur froment pesant 560 liv. y valoit.	20. f.	y vaut	22. l.	
Le septier de seigle. . . .	10.		12.	
Le septier d'avoine	5		7.	4. f.
La journée d'un homme . .	1		. . . . 18.	
	36 f.		42 l.	2

Ce qui coûtoit en Champagne 36. sols l'an 1508. y coûteroit aujourd'hui 42 livres 2 sols ou 842 sols, c'est-à-dire, 23 ⅓ fois & plus, de plus qu'en 1508. Voyons en Bourbonnois.

	Prix ſous Louis XII. en 1508.	Prix ſous Louis XV. en 1735.
La chartée de foin de 12. quintaux ...	10. ſ.	10. l.
Le tonneau de vin ......,	30	50.
L'arpent de bois	2. 6. d.	1.
L'arpent de vigne	30	12.
La livre de beurre.........	4.	... 10. ſ.
La livre d'huille de noix	4.	.....7.
La livre de ſuif ....,	4.	... 6.
	73. ſ. 6. d.	74. l. 3. ſ.

Ce qui coûtoit en Bourbonnois l'an 1508. 73. ſols 6. deniers y coûteroit aujourd'hui 74. liv. 3 ſ. ou 1483 ſols, c'eſt plus de 20. fois davantage qu'en 1508.

De ces trois réſultats particuliers j'en forme un prix général & commun, de cette façon.

	En 1508.	En 1735.
En Auvergne . .	61. ſ. 9. d.	1446. ſ.
En Champagne.	36.	842.
Et en Bourbonnois	73. 6.	1483.
	171. ſ. 3. d.	3771. ſ.

Je peux donc dire que ce qui coûtoit 171. ſols trois deniers ſous Louis XII. en 1508. coûteroit aujourd'hui ſous Louis XV. en 1735. 3771. ſols, c'eſt plus de 22. pour un; c'eſt-à-dire, que depuis ce tems, les Denrées ont hauſſé de 1 à 22. & plus, d'où il ſuit évidemment qu'il faut aujourd'hui à Louis XV. pour pouvoir faire la même dépenſe que faiſoit Louis XII. toutes choſes égales, 22. fois autant & même plus, que le revenu qu'avoit Louis XII. Or ce revenu étoit au moins de 7,650,000. l.

22. fois cette somme fait celle de 168,300,000. livres. Donc Louis XV. pour être aussi riche que l'étoit Louis XII. en 1508. doit avoir, toutes choses égales, un revenu de 168,300,000. livres. Nous avons cependant vû ci-devant que le revenu actuel de Louis XV. réduit à-peu-près aux mêmes Etats & aux mêmes Charges qu'avoit Louis XII. est au plus de 100. millions : d'où l'on peut conclure que Louis XV. attendu ses Charges n'est pas aussi riche avec 200. millions de revenu que l'étoit Louis XII. avec 7,650,000. l. puisqu'il s'enfaut 68,300,000. livres que Louis XV. ne puisse avoir autant de Denrées de son tems avec 100 millions, que Louis XII. en avoit, ou pouvoit en avoir, aux prix de son tems avec son foible numérai-

re de 7,650,000. livres.

On me dira peut-être, que si les Denrées ont augmenté, le loyer des terres a aussi augmenté. Cela est vrai : mais ils n'ont pas augmenté dans le même rapport que les Denrées, comme il est prouvé ci-dessus, & c'est ce qui produit la différence que l'on voit entre les revenus de ces deux Monarques. Car il n'y auroit entr'eux aucune différence, si les revenus avoient augmenté dans le même rapport que les Denrées; ce qui est conforme à la conséquence qui est ci-devant Art. 7. pag. 141. & aux Articles 7. 12. & 14 de la conclusion ci-après. Cela détruit l'objection.

Faisons le même calcul par le poids des Espéces. Les 7,650,000 livres de Louis XII. a raison de 130 $\frac{1}{6}$ livres le marc d'or fin, font 58,770 $\frac{4}{5}$ marcs; & comme ce même marc d'or fin est aujourd'hui fixé à 740. livres 9. sols 1. denier, il s'ensuit qu'une livre du tems de Louis XII. en vaut aujourd'hui 5 $\frac{11}{16}$. Or les Denrées ayant haussé de 1 à 22. & les Espéces de 1 à 5 $\frac{11}{16}$. il s'ensuit aussi que les Denrées ont haussé 3 $\frac{79}{91}$. fois plus que les Especes; c'est-à-dire, que ce qui coûtoit un marc en ce tems-là, en coûteroit 3 $\frac{79}{91}$ aujourd'hui. Sur ce pied les 58,770 $\frac{4}{5}$ marcs d'or fin, que recevoit annuellement Louis XII. équivalent à 227,333 $\frac{1}{3}$ marcs de notre tems.

Les 100. millions dont jouit Louis XV. à raison de 740. liv. 9 sols 1 denier le marc d'or fin, prix auquel il est fixé par le Tarif, font 162,474 marcs. Donc Louis XV. attendu ses charges, est aujourd'hui moins riche que ne l'étoit Louis XII. de 64,859 $\frac{1}{5}$ marcs d'or fin eu égard à la valeur des Denrées sous l'un & sous l'autre de ces deux regnes, à l'augmentation numéraire des Monnoyes, & aux Etats possedez par chacun de ces deux Monarques.

PREUVE DE CE CALCUL.

Je trouve dans le Denier Royal page 257. une preuve de la bonté de mon calcul. L'Auteur nous dit, *que l'an 1509. fut faite une constitution de rente en bled froment, à raison de 10. sols le septier.* Or 10 sols de ce tems-là en valent 56$\frac{1}{?}$ de ce tems-ci & le septier de bled vaut actuellement 12. livres, c'est-à-dire 4 fois $\frac{1}{4}$ plus d'argent que sous Louis XII. pour la même quantité de bled : ainſi mon calcul, réſultant du prix des Denrées, nous donnant $3\frac{71}{91}$ ne nous donne pas trop, puiſque nous trouvons ici $4\frac{1}{4}$.

On peut donc dire avec certitude que les revenus du Roy n'ayant pas augmenté depuis Louis XII. dans la proportion des Denrées, qui eſt de 1 à 22. & ſes Charges ayant conſidérablement augmenté, Louis XV. avec un numéraire de 200. millions de revenu, eſt moins riche que ne l'étoit Louis XII. avec un foible numéraire de 7,650,000 livres.

On peut dire auſſi que Louis XII. jouiſſoit de 168. millions 3 cens mille livres d'aujourd'hui, puiſque pour lui payer 7,650,000. livres, ſes ſujets étoient obligez de vendre la même quantité de Denrées à

171 sols, 3 deniers de ce temps-là, qu'il en faudroit vendre aujourd'hui à 3771 sols de ce temps-ci, pour payer cette somme de 168,300,000 livres. Ainsi ceux ausquels Louis XII. distribuoit 7,650,000 livres, pouvoient se procurer le même dégré de besoin, que pourroient faire aujourd'hui ceux ausquels Louis XV. distribueroit 168 millions, 300,000 livres, puisque ce qui ne valoit que 1 alors vaudroit aujourd'hui 22.

ARTICLE III.

Comparaison des revenus de François I. *avec ceux de Louis* XV.

FRançois I. avoit, selon l'auteur du *Traité du mérite & des lumieres de ceux, que l'on appelle habiles dans la*

Finance, inseré dans le *Détail de la France*, I. Partie, p. 144. *seize millions de revenus, toutes choses étant à quinze ou seize fois meilleur marché qu'aujourd'hui*; & dans la II. Partie, chap. 6. p. 43. il dit : *François* I. *avoit seize millions de tribut reglé dans son Royaume, qu'il laissa tranquillement à son successeur, quoiqu'il possedât un cinquiéme moins d'états, que ne fait à présent le grand Monarque qui regne* (a) : & page 44. *Toutes choses n'étoient qu'à la quinziéme partie du prix qu'elles sont aujourd'hui : il n'y a qu'à jetter les yeux sur les Ordonnances de Police imprimées dans ces temps-là, on verra que le bled est apprécié 20 sols le septier, mesure de Paris.*

Cet Auteur donne seize mil-

(a) C'étoit Louis XIV.

lions de revenu à François I. mais le Duc de Sully, qui étoit fort à portée de le sçavoir au juste, ne lui donne que 15 millions, 730,000 livres; c'est cet état que nous allons suivre.

Sous ce regne, le marc d'or fin valoit 165 livres. 7 sols, 6 deniers; il vaut aujourd'hui, suivant le Tarif, 740 livres, 9 sols, 1 denier; ainsi une livre de ce tems-là vaut 4 livres, 9 sols, 6 deniers de ce tems-ci, ou 4 $\frac{19}{40}$, c'est-à-dire, que les Espéces de ce temps-là sont à celles de ce temps-ci, comme 1 est à 4 $\frac{19}{40}$ ou près de 4 $\frac{1}{2}$, & les Denrées étant comme 1 est à 15. Suivant ce qu'on vient de voir, il s'ensuit que sous François I. un marc d'or fin faisoit autant que feroient aujourd'hui 3 $\frac{7}{10}$ marcs aussi d'or fin.

Or les Denrées, dès le temps qu'écrivoit l'auteur du *Détail de la France*, étant comme 1 est à 15, il est clair que les 15 millions, 730,000 livres, dont jouissoit François I. produisoient par rapport à lui le même effet, que feroient aujourd'hui à Louis XV. 15 fois 15,730,000 liv. qui font 235,950,000 livres, & même 283,140,000 livres; car joignant à ces 235 millions, 950,000 livres son cinquiéme, pour les Etats réunis à la Couronne depuis ce temps, on a cette somme de 283,140,000 livres, qui représente ce que devroit être aujourd'hui le revenu annuel de Louis XV. pour pouvoir se procurer les mêmes degrés de besoin, que faisoit François I. avec ses 15,730,000 livres, ainsi il est évident que ce Monarque étoit beaucoup plus riche avec ce foible numéraire, que ne l'est aujourd'hui Louis XV. avec un revenu de 200 millions, lesquels 200 millions sont encore affoiblis par des charges que François I. n'avoit point à payer.

A la mort de ce Prince, il n'y avoit pas trente mille livres de rente sur l'Hôtel de Ville à payer annuellement, parce que la premiere constitution faite en 1522. fut rachetée & payée en deniers comptans en 1547. & Louis XV. en a aujourdhui à payer, y compris les gages des Payeurs, pour 41,500,000 livres, comme on l'a vû à l'article précedent : c'est de plus que François I. une somme de . . . . . . 41,500,000 l.

La regie du controlle des Actes des Notaires	1,350,000.
Les gages des Officiers des Monnoyes	300,000.
Aux 40 Fermiers Généraux .	2,416,000.
CELA FAIT . . .	45,566,000.

Non compris les intérêts des Charges & Offices, & toutes les autres charges qui me sont inconnues, que paye Louis XV. & que François I. n'avoit point à payer, leſquels 45 millions, 566,000 livres ſeulement, déduits des 200 millions, qui font le revenu actuel de Louis XV. il ne lui reſtera de net que 154,434,000 livres. Or pour être auſſi riche que l'étoit François I. il lui faudroit 283 millions, 140,000 livres, comme on vient de le voir : donc il eſt moins riche de 128,706,000 livres.

Par le poids des Eſpeces, les 15,730,000 livres, qui faiſoient le revenu de François I. à 165 livres, 7 ſols, 6 deniers le marc d'or fin, faiſoient 95117 $\frac{4}{25}$ marcs d'or fin, que recevoit actuellement ce Prince; & comme de ſon temps on faiſoit autant avec un marc, que l'on pourroit faire aujourd'hui avec

3 $\frac{7}{20}$ marcs, ces 95117 $\frac{4}{25}$ marcs équivalent à 318642 $\frac{9}{20}$ marcs, ausquels joignant leur cinquiéme pour les Etats réunis à la Couronne depuis François I. on a 382,379 $\frac{9}{20}$ marcs d'or fin, qui est ce qu'il faudroit que Louis XV. reçût tous les ans, pour pouvoir faire aujourd'hui les mêmes dépenses que faisoit alors François I.

Or Louis XV. ne recevant annuellement que 154,434,000 livres, qui à 740 livres, 9 sols, 1 denier le marc d'or fin, ne font que 208,567 $\frac{14}{20}$ marcs, il s'ensuit que ce Monarque reçoit tous les ans l'équivalent de 173,811 $\frac{3}{4}$ marcs d'or fin de moins que François I. Ainsi il est moins riche, quoiqu'il ait un plus grand numeraire pour revenu.

Il est donc évident que les

15,730,000 livres dont jouissoit François I. lui fournissoient autant que pourroient faire aujourd'hui 235,950,000 livres à Louis XV. Et si François I. eût joui des Etats réunis à la Couronne depuis son temps, il auroit eu 283,140,000 livres de rente de notre Monnoye actuelle. Ce fait est véritable dans tout son contenu, puisque pour fournir 15,730,000 livres à François I. il falloit que ses Sujets vendissent la même quantité de Denrées, qu'il faudroit en vendre aujourd'hui pour payer 235,950,000 livres, & même 283,140,000 liv. Ainsi on peut dire que ce Prince jouissoit de cette somme. Le fait ne paroîtra pas douteux à quiconque voudra bien jetter les yeux sur ce qui se passa de son temps.

Durant le cours de ſon regne toutes les Puiſſances conjurerent la ruine de ſon Royaume, & toutes ces Puiſſances n'obéiſſoient pas à différens Princes comme aujourd'hui, elles n'obéiſſoient qu'à une ou deux têtes, à l'Empereur Charles v. & à ſon frere Ferdinand, roy de Hongrie. L'Angleterre ſe mit de la partie: le Pape & les Vénitiens de même; les Suiſſes lui déclarerent auſſi la guerre. Avec tout cela il ne perdit pas un poûce de terre; il augmenta ſon domaine au contraire, ſur tout en Italie; on peut dire même qu'il auroit conquis le pays de ſes ennemis, qui ne pouvoient lui réſiſter à force ouverte, s'ils ne lui euſſent pas corrompu, non ſeulement un Prince de ſon ſang, & ſes principaux Officiers, mais même ſon Conſeil; ce qui ſeul lui fit perdre la bataille de Pavie, la liberté, le Duché de Milan, le Royaume de Naples, & peut-être l'Empire.

Bien loin que tant d'ennemis lui fissent retrancher de sa dépense, jamais Prince n'avoit été plus magnifique avant lui, soit en achat de meubles précieux, soit en construction de palais superbes. De plus il rétablit les Lettres dans son Royaume, & même dans l'Europe : il fit venir à grands frais tous les habiles gens en toutes sortes de Sciences, & il leur fit de grosses pensions. Deux ans avant sa mort il équipa une flotte de 200 voiles, avec laquelle il ravagea les Côtes d'Angleterre, & loin d'être accablé de dettes, François I. (*a*) laissa en mou-

(*a*) Détail de la France, chap. 6. II. Partie, page 47. & précedentes.

rant l'an 1547. 4 millions d'argent comptant, qui en font près de 18 des nôtres, & 60 par rapport au prix des denrées de 1 à 15. Un Historien célébre dit qu'on trouva après la mort de ce Prince, *quatre cens mille écus d'or, outre la quatrième partie de ses revenus dont le recouvrement n'avoit pas encore été fait* (a). Ces écus d'or étoient de 71 $\frac{1}{6}$ au marc, & à 23 carats de fin : ils valoient donc environ dix francs de notre Monnoye actuelle, c'est-à-dire quatre millions de livres en total.

[a] Hist. de M. de Thou, tome I. liv. 3. p. 182. derniere Traduction, ou page 153. de la traduction de Du-Rier, *fol.*

ARTICLE IV.

Comparaison des revenus de Henri II. *& de François* II. *avec ceux de Louis* XV.

SOus Henry II. & François II. les choses étoient à peu près sur le même pied pour les revenus & les denrées. Je trouve dans le *Détail de la France*, ch. 2. *du Traité de la nature, culture, commerce & intérêts des grains*, que par Ordonnance de Henry II. de l'an 1549, la paire de souliers, qui vaut aujourd'hui 5. liv. fut fixée à 5. sols.

	PRIX. En 1549.	PRIX. En 1735.
La paire de souliers à	5. . . .	100. s.
Le levreau	6 d.	30. s.
Le perdreau	6.	20.
Et en 1550 le septier de bled, année commune,, valoit	20. s.	240.
	26 s.	390 s.

Ce qui valoit 26 sols en 1549. en vaut 390. aujourd'hui 1735. c'est exactement comme 1 à 15.

Suivant l'Auteur du *Denier Royal*, pages 138. & 270. les revenus de Henri II. étoient de 18 millions.

Or les Denrées étant de 1 à 15, ces 18 millions équivalent à 270 millions d'aujourd'hui, & si à cette somme on y joint son cinquiéme pour les Etats réunis à la Couronne depuis ce temps, on aura 324 millions, qui est le revenu qu'il faudroit à Louis XV. pour pouvoir faire à présent les mêmes dépenses que faisoit Henri II. avec son revenu de 18 millions. Mais Louis XV. n'a que 200 millions de revenu tout compris : donc il est moins riche de 124 millions, ou de l'équivalent.

Au commencement du regne de Henri II. le marc d'or fin a valu 165 livres, 7 sols, 6 deniers, comme sous le regne précedent; mais depuis l'an 1549. jusqu'en l'an 1561. il a valu 172 livres. Sur ce pied Henri II. recevoit annuellement 104 mille, 651 marcs d'or fin : le marc d'or fin vaut aujourd'hui 740 livres, 9 sols, 1 denier. Ainsi une livre de ce temps-là en vaut $4\frac{41}{200}$ de ce temps-ci : les Especes de ce temps-là sont donc à celles de ce temps-ci, comme 1 est à $4\frac{41}{200}$, & les Denrées étant comme 1 à 15, il s'ensuit qu'un marc d'or fin de ce temps-là équivaut à $3\frac{14}{25}$ marcs d'or fin de ce temps-ci; cela étant, les 104,651 marcs ci-dessus équivalent à 372,557 $\frac{14}{25}$ marcs, ausquels joignant leur cinquiéme pour les Etats réunis à la Couronne, ou conquis, on aura 447,069 $\frac{9}{125}$ marcs d'or fin ; or Louis XV. n'en reçoit annuellement que 208,134 $\frac{21}{50}$ marcs ; donc Henri II. & François II. recevoient l'équivalent de 238,934 $\frac{163}{250}$ marcs d'or fin de plus que Louis XV. n'en reçoit actuellement.

CHARLES IX.

Je n'ai aucun prix des Denrées sous ce Regne, ainsi je ne puis comparer son revenu avec celui du Monarque régnant.

ARTICLE V.

Comparaison du revenu de Henri III. *avec celui de Louis* XV.

L'Auteur de l'*Histoire des derniers troubles de la France*, imprimée à Lyon en

1576. *in*-8°. page 57. nous dit que *Henri* III. *avoit dix millions d'or de revenu* : ce sont dix millions d'Ecus d'or à 23 Carats de 72 ½ au marc, qui faisoient trente millions de livres, en 1576. & trente-deux millions cinq cens mille livres, au mois de Juin 1577.

L'Auteur du *Détail de la France*, imprimé *in*-12. en 1712. dit que Henri III. avoit en 1582. 32 *millions de revenu*.

Mezerai, dans sa grande Histoire, page 310. de l'Edition de Guillemot : dit sous l'an 1583. *que ce Prince avoit trente-deux millions de revenu, & qu'il lui en manquoit plus de cinq pour la dépense de sa maison des années* 1583. & 1584.

Et selon M. de Sully, page 264. du tome 3. de ses Mémoires de l'Edition *in-folio* 1662.

Henri III. *avoit l'an* 1581 *la somme de* 31,654,400 *livres de revenu* ; comme ce Ministre étoit en état de le sçavoir au juste, nous allons nous fonder sur ce qu'il dit, afin de ne pas grossir les objets.

Sous ce Regne, le marc d'or valoit 222 livres : sur ce pied, les 31,654,400 livres de revenu faisoient 142,587 marcs d'or fin. Aujourd'hui il est fixé à 740 livres 9 sols 1 denier. Ainsi une livre de ce tems-là vaut 3 livres 6 sols 8 deniers ½ denier de ce tems-ci, c'est-à-dire, que la valeur numéraire des Monnoyes a haussé de 1 à 3 ⅓ un peu plus. Il faut présentement voir ce que valoient alors les Denrées, & ce qu'elles valent aujourd'hui.

Durant le Regne de Henri III. les Denrées furent très-cheres, & notamment les bleds dont il y eut disette en 1574. 1577. & 1587. c'est pourquoi je n'employerai point ici leur prix, je me contenterai de ceux de quelques autres Denrées, lesquelles quoique cheres aussi, me serviroient cependant à comparer les revenus de Henri III. à ceux de Louis XV. aujourd'hui regnant.

Je trouve dans le *Cabinet des trois Perles précieuses*, imprimé *in*-8°. en 1581. Livre 1. page 66. le poids & la continence du Septier de Bled, & de la Queue de Vin, & au livre 3. page 559. les prix des denrées contenues en la page suivante, à côté desquelles je vais mettre les prix actuels de ces mêmes Denrées.

SÇAVOIR.

	Prix en 1580.	Prix en 1735.
La Queue de Vin de 400 pots eſt eſtimée 7 livres 10 ſols, c'eſt pour 144 Pots ou le Muid d'aujourd'hui	2 l. 14 ſ.	50 l.
La charrée de 14 à 15 quintaux de Foin.	3	22.
Un Bœuf gras	24.	170.
Un Mouton gras	3.	16.
Chapon gras	6.	2.
Poulle graſſe	2 6 d.	15.
Petit Cochon	5.	3.
Douzaine d'Oeufs	1.	10.
L'Aune de Toille	5.	2.
La livre de Beure	2.	12.
La Charre de Bois	10.	7. 10.
	34 5. 6.	274. 7.

On voit par ce Bordereau, que ce qui coûtoit alors 34 livres 5 sols 6 deniers en tems cher, coûteroit au moins aujourd'hui qui n'est point une année chere, 274 livres 7 sols : c'est huit fois plus qu'en 1580. Ainsi les denrées ont haussé de 1 à 8, & les Especes n'ayant haussé que de 1. à 3. $\frac{1}{3}$, il s'ensuit que l'on donne aujourd'hui pour une chose 2 $\frac{2}{5}$ fois plus d'argent que l'on ne donnoit alors pour la même chose ; car 3 $\frac{2}{3}$ est à 8. comme 1. est à 2. $\frac{2}{5}$.

Or les Denrées étant haussées de 1 à 8. les 31,654,400 livres, qui font le revenu de Henri III. équivalent à 253,235,200 livres d'aujourd'hui. Si on y joint son cinquiéme pour les Etats réunis à la Couronne depuis ce tems, on aura trois cens trois millions huit cens quatre-vingt-deux mille, deux cens quarante livres, qui eſt ce qu'il faudroit de revenu à Louis xv. pour pouvoir faire aujourd'hui les mêmes dépenſes que Henri III. faiſoit alors, avec ſon numéraire de 31,654,400 livres, Louis xv. n'ayant que 200 millions de revenu, qui ſe réduiſent même à 140 millions au plus, attendu plus de 60 millions de Charges annuelles que ce Prince paye actuellement, & que Henri III. n'avoit point à payer. On peut donc dire que Louis xv. avec ſon grand numéraire de 200 millions, eſt moins riche de 163,882,240 livres par an, que ne l'étoit Henri III. avec ſon foible numéraire de 31,654,400 liv. Voyons par le poids.

Puiſqu'une choſe coûte aujourd'hui 2 $\frac{2}{5}$ fois plus d'argent qu'elle n'en coûtoit en 1580 les 142587 marcs d'or fin que Henri

III. recevoit annuellement équivalent à 342208 $\frac{4}{5}$ marcs d'or fin, ausquels joignant leur Cinquiéme pour les Etats réunis à la Couronne, on aura 410,650 $\frac{14}{25}$ marcs d'or fin, qui est ce qu'il faudroit que Louis XV. reçût annuellement, pour pouvoir se procurer le même degré de besoins que Henri III. se procuroit. Or les 140 millions qui restent de revenu net à ce Prince, à 740 livres, 9 sols, 1 denier le marc d'or fin, n'en font que 227,463 $\frac{3}{5}$ marcs. Donc Louis XV, est en arriere de l'équivalent de 183,186 $\frac{24}{25}$ marcs d'or fin.

Et quand on compteroit sur le revenu en plein de 200 millions, ils ne font que 270,106 marcs d'or fin, & Henri III. recevoit l'équivalent de 410 mille, 650 $\frac{14}{25}$ marcs: on trouveroit donc encore Louis XV. en défaut de 140,544 $\frac{14}{25}$ marcs d'or fin.

PREUVE DE LA BONTÉ DE MES CALCULS, & que mes ſuppoſitions ne ſont pas trop fortes.

Pour prouver que mes calculs ne ſont point outrés, & qu'ils ſont plûtôt trop foibles que trop forts, je vais en faire un autre, qui, à ce que j'eſpere, rendra cette verité ſenſible.

Dans le *Secret des Finances* de Fromenteau eſt un état très-long, & très-détaillé, dont j'ai fait le dépouillement & le calcul, ainſi que je l'ai déja dit ci-deſſus, contenant toutes les dépenſes faites pendant les regnes de Henri II. de François II. de Charles IX. & pendant 4 ans, 7 mois de celui de Henri III. ſuivant lequel état, je trouve que depuis le dernier

Mars 1547. jour de l'avenement de Henri II. à la Couronne, jusqu'au dernier Decembre 1578. ces Monarques ont dépensé pour toutes Charges généralement quelconques, pendant ces 31 années, 9 mois, une somme de neuf cens vingt-six millions, cent quatre-vingt-douze mille, cinq cens livres, ci . . . . 926,192,500 l.

Pour connoître quelle a été la dépense annuelle de chacun de ces Rois, je vais partager cette dépense totale & commune 926,192,500 livres entre eux, proportionnellement au revenu que je leur ai attribué, & à la durée de leurs regnes. Si ce partage me donne des sommes qui surpassent le revenu attribué à chacun, ce sera une preuve que ces revenus seront trop foibles, ou que ces dépenses les surpassoient. Le premier cas est avantageux à mes calculs, qui ne diroient pas assez. Le second est contre; cependant je le suivrai ci contre . . . . 926,192,500 l.

s'il a lieu. Pour faire cette diſtribution, voici comme je raiſonne.

Henri II. & François II. avoient 18 millions de revenu, ils ont regné 13 ans, 8 mois, 5 jours, ce qui fait une ſomme de . . . . 246,250,000 l.

Charles IX. avoit 21 millions de revenu, il a regné 13 ans, 5 mois, 25 jours, ce qui fait . . . . 283,208.333. $\frac{1}{3}$

Henri III. avoit 31,654,,400 livres de revenu, c'eſt pour 4 ans, 7 mois . . . . 145,082,666. $\frac{2}{3}$

} 674,541,000.

Partant leur dépenſe excede les revenu de. . . . . 251,651,500.

Me voilà déja convaincu que les revenus que j'ai attribués à chacun de ces Princes ſont trop foibles, & que les dépenſes qu'ils ont faites les ont ſurpaſſées.

Je reprens mon Calcul, & je dis pour le premier, 674,541,000 ſont à 926 millions, 192,500, comme 246,250,000 ſont à un quatriéme que je cherche, & que j'appelle *x*. réſolvant cette analogie, & en faiſant de même pour les deux autres, je trouve que,

Les 246,250,000 de Henri II. & de François II. doivent ſupporter.	338,111,510 6 ſ. 8 d.
Les 283,208,333, 6 ſ. 8 d. de Charles IX	388,856,832.
Et les 145,082,666, 13 ſ. 4 d. de Henri III	199,205,146. 8. 9.
Les 674,541,000 portent donc par conſéquent toute la dépenſe.	926,173,488, 15. 5.
J'ai négligé les rompus, montans à	19,011. 4. 7.
Reviennent leſdites ſommes à la ſuſdite premiere de	926,192,500 l.

Si préſentement je diviſe 338,111,510 livres, 6 ſols, 8 deniers, par 13 ans, 8 mois, 5 jours, qui eſt la durée des regnes de Henri II. & de François II. j'aurai pour dépenſe commune de chacune des années de leur regne. . . . . 24,714,749 19 s. 10 d.

En divisant aussi 388,856,832 par les 13 ans, 5 mois, 25 jours du regne de Charles IX. j'aurai pareillement pour sa dépense commune de chaque année . 28,833,874. 5. 1.

Et de même les 199,205,146 livres, 8 sols, 9 deniers par les 4 ans, 7 mois du regne de Henri III. j'aurai pour dépense commune de chaque année . . 43,462,941. 9.

Ces dépenses communes de chacune des années du regne de ces Rois surpassent, comme on le voit, de beaucoup les revenus que je leurs ai attribués; ce qui prouve invinciblement que je n'ai point exageré, & que j'ai toujours cavé au plus foible, & non au plus fort; cela est contre mes calculs; cependans je vais les continuer sur ce pied.

Les 24,714,749 liv. 19 s. 10 den. à 172 liv. le marc d'or fin, font 143,690 $\frac{2}{5}$ marcs, le marc étant à présent à 740 livres, 9 s. 1. d. ces 143,690 $\frac{2}{5}$ marcs d'or fin, font aujourd'hui, de notre Monnoye actuelle, cent dix millions, six cens quatre-vingt six mille, cent cinquante cinq livres, sept sols.

ci . . . . 110,686,155 l. 7 f.
La dépense de Louis xv. de l'année 1724. fut de . . . . . 206,745,318.

Partant les Charges de Louis xv. de cette année 1724. excédent les Charges de Henri II. & de François II. année commune, de la somme de 96,059,162 l. 13 f.

Je n'ai que faire de l'excédent des Charges de Louis xv. sur celles de Charles ix. qui est de . . . . 95,421,544.

Les 43,462,941 l. de Henri III. à 222 l. le marc d'or fin, font 195,779 marcs, qui à 740 l. 9 f. 1 d. prix auquel il est actuellement fixé, font de notre Monnoye actuelle, la somme de . . . . 145,669,376 l. 5. f. 11 d.
La dépense de Louis xv. est de . . . . 206,745,318.

Partant les Charges de Louis xv. excédent celles de Henri III. année commune, de . . . . 61,075,941. 14. 1.

Ce calcul nous prouve donc invinciblement deux choſes, la premiere, que les revenus attribués à Henri II. François II. Charles IX. & Henri III. ſont trop foibles par rapport à leurs dépenſes, puiſque le produit total 674,541,000 livres de ces mêmes revenus, multipliés par la durée de leurs regnes, eſt beaucoup au-deſſous de leur dépenſe totale 926,192,500 livres.

Et la ſeconde, que l'excédent des Charges, que j'ai dit que Louis XV. avoit à payer de plus que ſes prédeceſſeurs, & dont j'ai diminué ſon veritable revenu, eſt auſſi au-deſſous de celui qui réſulte de ce calcul, puiſque cet excédent eſt de 96 millions à Henri II. & François II. dont je pouvois affoiblir le revenu de Louis XV. & je n'y ai rien diminué : à Henri III. je pouvois le diminuer de 61,075,941 livres, & je n'en ai ôté que 60 millions. Il eſt donc bien démontré, que loin d'avoir groſſi les objets, je les ai toujours affoiblis, afin de donner toute la faveur au ſyſtême de l'Auteur de l'*Eſſay politique ſur le Commerce*.

Ces faits me paroiſſent démonſtratifs : mais peut-être ne paroîtront-ils pas tels à ceux qui ne porteront leur eſprit que du côté des comparaiſons, entre les actions, les dépenſes, & le nombre de Troupes que ces Rois ont entretenues, & les actions, les dépenſes & le nombre prodigieux de Troupes, qui ont été à la ſolde de Louis XIV. Je conviens que les faits de ce dernier

dernier Monarque ſurpaſſent de beaucoup ceux des premiers : mais ils ne ſont pas concluans, parce qu'ils n'ont pas été exécutés avec les ſeuls revenus de Louis XIV. puiſqu'il a laiſſé plus de deux milliards de dettes,(*a*)qu'il a faites au-delà. Ainſi outre que cette comparaiſon exige des connoiſſances de détail, que je n'ai pas la liberté de prendre où elles doivent être, c'eſt qu'elle ne m'auroit pas montré la vérité que je cherchois. Il me ſuffit d'avoir prouvé clair comme le jour, que Louis XII. François I. &c. pouvoient, avec leur foible Numéraire, acheter une plus grande quantité de denrées aux prix de leur temps, que Louis XV. aujourd'hui regnant n'en pour-

(*a*) Comme on le voit ci-devant page 95. Chapitre I. art. 5.

roit acheter aux prix actuels, avec son plus grand numeraire, pour conclure que ce Prince est réellement moins riche que ses prédécesseurs. Cette preuve me paroît sans replique; elle est infiniment plus forte, que ne peut l'être un raisonnement, qui ne sera pas soutenu de faits de détail, assez concluans pour pouvoir détruire ceux que j'apporte. Voyez encore ce que j'ai dit ci-devant à ce sujet, à la fin de la troisiéme Comparaison, pages 387. & suivantes.

Voici encore un autre Calcul, qui ſans avoir égard aux prix des Denrées, va nous montrer que le Roy étoit beaucoup plus riche en 1683. qu'il ne l'étoit en 1715. parce que les revenus étoient en 1715. plus foibles, & les charges plus fortes.

En 1683. [a] les revenus du Roy étoient de. . . . . 116,873,476 l.
Et les charges n'étoient que de . . . . 23,375,274.

Partant il entroit de net dans les Coffres du Roy, ... 93,498,202.

Alors l'Ecu de 9 au marc paſſoit pour 3 livres: par conſéquent le marc d'argent monnoyé valoit 27 livres. A ce prix les 93,498,202 livres ci-deſſus faiſoient 3.462,970 marcs d'argent monnoyé.

En 1715. les revenus du Roy étoient de . . . . 115,389.074 l.
Et les charges étoient de . . . . .82,859,504.

Partant il entroit de net dans les Coffres du Roy . 32,529,570.

* Voyez en le Détail ci-après, article 6. de ce Chapitre, pag. 428.

Alors l'Ecu de 8 au marc valoit 3 l. 10 ſ. & le marc d'argent monnoyé par conſequent 28 livres. A ce prix les 32,529,570 livres ci-deſſus ne faiſoient que 1 million, 261,770 marcs d'argent monnoyé, d'où il reſulte cette balance.

	Revenus, les charges déduites,	convertis en marcs d'argent.
En 1683. les revenus, charges déduites, étoient de	93,498,202 l.	3,462,970 l.
En 1715. idem	32,529,570.	1,261,770.
Donc le Roy étoit moins riche en 1715. qu'il ne l'étoit en 1683. de	60,968,632.	2,201,200.
Les revenus de 1683 excédent ceux de 1715. de. . . . . 1,484,402 l. Les charges de 1715. excédent cellesde 1683. de 59,484,230.	60,968.632.	2,201,200.

Il eſt donc clair que le Roy étoit plus riche en 1683. qu'il ne l'étoit en 1715. de la ſomme de 60,968,632 liv. ou de 2,201.200 marcs d'argent, & cela ſans avoir égard à la différence du prix des denrées de l'un à l'autre temps, mais ſeulement à la diminution des revenus & à l'augmentation des charges. En 1715.lesSujets étoient dans une telle miſere, que le Roy leur remit une partie des Impoſitions, quoique ſes Charges fuſſent beaucoup plus fortes qu'en 1683.

Voyez ci-à côté le Tableau *in-4°*. cotté 413.

Pour me rés

quences , qui

ROIS.
Louis XII. . . . .
François I. . . . .
Henry II, Franço
Henry III. . . . .

Doit regarder la page 413 du Tome I.

Pour me résumer, pour rapprocher sous les yeux, les résultats des Calculs précedens, & pour mieux sentir les conséquences, qui en naissent necessairement, je vais les présenter au Lecteur par ce Tableau.

ROIS.	*Revenus réels.*		*Equivalens actuels*		*Equivalens & le $\frac{1}{5}$ pour les Etats réunis déduit.*		*Sont plus riches que Louis XV. de .....*		*Rapport du haussement des Especes.*	*Rapport du haussement des denrées.*	*On donne plus que l'on ne donnoit.*
	En liv.	En marcs.	En liv.	En marcs.	Livres.	marcs.	Livres.	marcs.			
Louis XII.	7650000	58770 $\frac{4}{5}$	168300000	22733 $\frac{1}{5}$	201960000	272799 $\frac{21}{25}$	66813000	90260 $\frac{39}{50}$	1 à 5 $\frac{11}{16}$	1 à 22	3 $\frac{29}{91}$ fois.
François I.	15730000	95117 $\frac{4}{25}$	235950000	31864 $\frac{9}{10}$	283140000	382379 $\frac{9}{20}$	128706000	173811 $\frac{14}{20}$	1 à 4 $\frac{19}{40}$	1 à 15	3 $\frac{7}{20}$ F.
Henry II, François II.	18000000	104651	270000000	37255 $\frac{14}{15}$	324000000	447069 $\frac{9}{25}$	124000000	238934 $\frac{163}{250}$	1 à 4 $\frac{51}{200}$	1 à 15	3 $\frac{15}{25}$ F.
Henry III.	31654400	142587	253235200	342208 $\frac{4}{5}$	303882240	410650 $\frac{14}{25}$	163882240	183186 $\frac{24}{25}$	1 à 3 $\frac{1}{3}$	1 à 8	2 $\frac{1}{5}$ F.

Ce Tableau nous montre au premier coup d'œil, 1°. Que Louis XII. avoit 7,650,000 livres de revenu annuel, lequel revenu, attendu le prix des Denrées haussé de 1 à 22, équivaut à 168,300,000. livres, à laquelle somme ajoûtant son cinquiéme pour les Etats reunis à la Couronne, on a 201,960,000 livres.

Les 200 millions de revenus de Louis XV. réduits, par les 64,853,000. livres de charges qu'il paye annuellement, & que Louis XII. n'avoit point à payer, à la somme de 135,147,000 liv. il s'ensuit, que Louis XII. jouissoit tous les ans de l'équivalent de 66,813,000 livres de plus que Louis XV.

Les 7,650,000 livres, dont jouissoit Louis XII. annuellement, faisoient 58,770 $\frac{4}{5}$ marcs d'or fin, qui multipliez par 3 $\frac{79}{91}$ donnent un équivalent de 227,333 $\frac{1}{5}$ marcs, aufquels ajoûtant leur cinquiéme, comme deffus, on a 272,799 $\frac{21}{25}$ marcs d'or fin. Or les 135,147,000 livres dont jouit Louis XV. n'en font que 182,519 $\frac{3}{50}$ marcs. Donc il jouit de moins que Louis XII. d'un équivalent annuel de 90,260 $\frac{39}{50}$ marcs d'or fin. Ainfi on peut dire que Louis XII. étoit plus riche que Louis XV.

	livres	marcs.
de	66,813,000 l.	ou de 90,260 $\frac{39}{50}$
II. Que François I. par la même raifon, étoit plus riche que Louis XV. de . .	128,706,000.	ou 173,811 $\frac{3}{4}$
III. Que Henri II. & François II. étoient plus riches que Louis XV. de	124,000,000.	ou 238,934 $\frac{163}{250}$

IV. Que Henri III. étoit encore plus riche, que Louis XV. de, ...	163,882,240.	ou 183,186 $\frac{24}{25}$

V. que depuis Louis XII. les Especes ont haussé de 1 à 5 $\frac{11}{16}$. & les Denrées de 1 à 22. Ainsi il faut donner aujourd'hui 3 $\frac{79}{91}$ fois plus d'argent pour une chose, que l'on n'en donnoit en 1508. pour cette même chose; car 5 $\frac{11}{16}$ est à 22 comme 1 est à 3 $\frac{79}{91}$.

VI. Que depuis François I. les Especes ont haussé de 1 à 4 $\frac{19}{40}$ & les Denrées de 1 à 15. Ainsi on donne aujourd'hui 3 $\frac{7}{20}$ fois plus d'argent pour une chose, que l'on n'en donnoit pour cette même chose sous François I. puisque 4 $\frac{19}{40}$ est à 15 comme 1 est à 3 $\frac{7}{20}$.

VII. Que depuis Henri II. & François II. les Especes ont haussé de 1 à $4 \frac{41}{200}$ & les Denrées de 1 à 15. On donne donc aujourd'hui $3 \frac{14}{25}$ fois plus d'argent pour une chose, que l'on n'en donnoit sous ces regnes pour cette même chose ; car $4 \frac{41}{200}$ est à 15 comme 1 est à $3 \frac{14}{25}$.

VIII. Que depuis Henri III. les Especes ont haussé de 1 à $2 \frac{1}{3}$ & les Denrées de 1 à 8. Ainsi on donne à present $2 \frac{2}{5}$ fois plus d'argent pour une chose, que l'on n'en donnoit en 1580. pour cette même chose ; car $3 \frac{1}{3}$ est à 8 comme 1 est à $2 \frac{2}{5}$.

DE TOUS CES FAITS IL RÉSULTE

1°. *Des 4 premiers points*, une démonstration invincible,

que tous ces Rois avec leur foible numéraire, étoient en état d'acheter plus de Denrées aux prix de leurs tems, que ne le peut faire Louis XV. aujourd'hui, aux prix actuels, avec son plus grand numéraire ; & conséquemment que *cette augmentation numéraire est contraire au Roy & au peuple, comme débiteurs* : ce qui est diamétralement opposé à la maxime que donne notre Auteur, page 217. où il dit, que *l'augmentation numéraire demeure toujours avantageuse au Roy, & au peuple, comme débiteurs.*

2°. Cette prodigieuse augmentation du prix des Denrées au par-dessus de celle des Especes, ne peut s'attribuer ni aux monopoles, ni aux disettes de ces Denrées ; car ces choses ne sont que passageres, & de peu de durée. Elle ne ſçauroit donc avoir d'autres cauſes, que celle de l'abondance de l'or & de l'argent, qui roulent en ce Royaume en plus grande quantité que jamais, & celle du ſurhauſſement de la valeur numéraire de nos Monnoyes; car nos terres ſont aujourd'hui pour le moins auſſi-bien cultivées qu'elles l'étoient alors, & elles produiſent auſſi au moins autant qu'elles produiſoient ſous les regnes de ces Rois. Ce n'eſt donc que l'abondance de ces métaux, & les ſurhauſſemens de nos Monnoyes, qui ont fait monter le prix des Denrées où nous le voyons aujourd'hui. Car quoiqu'il ſoit vrai, comme je l'ai déja dit (*a*), que les Denrées n'augmentent pas d'abord autant que l'Eſpece, elles

[*a*] Chap. I. Art. VII. Applicat 3.

augnentent néanmoins de quelque choſe avec la Monnoye ; & quand on revient à la forte Monnoye en diminuant ſa valeur numéraire, les Denrées ne ſuivent pas non plus cette diminution : le Marchand & l'Ouvrier augmentent plus aiſément qu'ils ne diminuent ; on en a des preuves évidentes. Il faut donner aujourd'hui pour une choſe beaucoup plus d'argent, que l'on n'en donnoit ci-devant pour la même choſe.

3°. Que tous les revenus n'ayant pas hauſſé comme les Denrées, on ne voit pas que le *progrès ou augmentation des valeurs numéraires* ait produit, comme le dit notre Auteur, page 210. *le même progrès, & la même augmentation dans les fermes des Terres, & dans toutes ſortes de Marchandiſes.* Car il eſt bien démontré ci-deſſus, que les revenus du Roy, ou de tel particulier qu'on voudra prendre, n'ont pas hauſſé comme les Denrées, & conſéquemment, que la Terre ou la Maiſon, qui étoit affermée une piſtole ſous Louis XII. n'eſt pas affermée 22 Piſtoles aujourd'hui, comme elle devroit l'être, ſi les augmentations numéraires avoient produit le même progrès & la même augmentation dans les fermes des Terres, &c.

Il eſt vrai que, lorſque les fermes des Terres, les loyers de Maiſons, le Bétail, la Volaille, &c. s'affermoient ou ſe vendoient en apparence vingt-deux fois moins qu'aujourd'hui, le revenu des Terres, des Seigneuries, &c. étoit d'autant moins eſtimé, & les Baux affermez par conſéquent à meilleur marché, auſſi-bien que les Terres : mais que m'importe que ces biens ſoient à préſent plus eſtimez par un plus grand nombre de livres qu'ils ne l'étoient alors, ſi cette plus grande eſtimation ne me procure pas aujourd'hui le même degré de mes beſoins, que cette plus foible eſtimation me procuroit alors ? Je ſuis conſtamment moins riche que je ne l'étois : donc l'augmentation numéraire m'eſt contraire ; & c'eſt ce qui arrivera toujours, lorſque les revenus ne monteront pas dans la même proportion des Denrées. Ceux du Roy ont monté numérairement ; mais les charges, qui les affoibliſſent, ont encore plus monté. Ainſi de toutes façons, cette augmentation numéraire du revenu n'étant pas proportionnée à celle des Denrées, elle eſt *contraire au Roy & au Peu-*

ple, comme débiteurs, & à ce que dit notre Auteur, page 217. que l'Espece étant haute, *le Roy reçoit plus de numéraire*; que *cette augmentation de paye* (a) *devient indifférente*, & que *l'augmentation numéraire demeure toujours avantageuse au Roy & au Peuple, comme débiteurs*.

Si mon revenu n'augmente point, & que néanmoins ma dépense augmente, cette augmentation de dépense est en pure perte pour moi. Cela étant, comment peut-elle m'être indifférente? Et quel est mon avantage dans l'augmentation numéraire de l'argent? Je n'y vois qu'une perte évidente.

A la page 212. notre Auteur veut nous persuader, *que la cher-*

[a] L'Auteur veut apparemment dire l'augmentation de dépense, que le haussement d'Especes occasionne au Roy & au Peuple.

té des Denrées est indifférente à celui qui est également vendeur & acheteur, & qu'elle n'est préjudiciable qu'à celui qui n'est qu'acheteur, comme le Rentier en argent & le Militaire.

Si tous les hommes achetent ou vendent également, il est clair qu'il y aura une parfaite égalité de part & d'autre : autant de perdans que de gagnans : la perte compensera le bénéfice, & le bénéfice la perte. Je conviens de ce fait; mais ce fait ne donne aucune faveur à l'augmentation des Especes, qui occasionne la cherté des Denrées, puisqu'alors elle n'auroit aucun effet, que celui de faire hausser toutes choses, sans faire hausser les revenus, & par conséquent de nous rendre moins riches que nous ne l'étions avant l'augmentation.

D'ailleurs tous les hommes dépensent journellement : dès-là tous les hommes achetent & sont acheteurs; mais tous les hommes ne vendent pas ; il s'en faut beaucoup. Il y a donc infiniment plus d'acheteurs que de vendeurs. Ainsi l'avantage que reçoit le vendeur, ne sçauroit, je pense, balancer la perte ou le dommage de l'acheteur ; parce que les acheteurs étant constamment en plus grand nombre que les vendeurs, il y a certainement plus de perdans que de gagnans, & conséquemment plus de perte que de gain. Or le Roi faisant la plus grande dépense, il est le plus grand acheteur de son Royaume, & par conséquent le plus grand perdant. Tous ces Sujets qui dépensent aussi, sont acheteurs, & ils y perdent de même. Il n'y a donc que le vendeur, qui est en petit nombre, qui peut trouver quelqu'avantage dans l'augmentation numéraire des Especes : encore n'est-il pas bien décidé, si ce prétendu bénéfice peut compenser la perte qu'il fait sur les sommes qu'il doit à l'Etranger, lors d'une augmentation d'Especes ; car il arrive toujours que nos Marchands doivent, ou qu'il leur est dû par les Etrangers, dans le tems que l'on publie une augmentation des Monnoyes. Ils ne peuvent payer leurs créanciers étrangers, que sur le pied que l'Espece a cours en leur Pays, & ils sont forcez de recevoir de leurs débiteurs en France, l'or & l'argent pour beaucoup plus qu'il ne valoit avant l'augmentation ; en sorte qu'ils payent plus qu'ils ne doivent, & ils reçoivent moins qu'il ne leur est dû ; ce qui leur cause des doubles pertes si notables, sur leurs dettes actives & passives, qu'ils sont très-souvent forcez d'abandonner leur Commerce.

On peut donc conclure de ce Chapitre, que les variations de Monnoyes dérangent extrêmement notre Commerce, & qu'en dérangeant notre Commerce, elles dérangent aussi les revenus du Roy & de l'Etat. Car le Laboureur, & le Paysan tirant du Commerce tous leurs moyens de payer, si on diminue ce Commerce, on diminué en même tems, & dans le même rapport, leurs moyens de payer. Alors les fermes générales, les Tailles,&c. en souffrent considérablement; ainsi l'utilité d'une Monnoye fixe & immuable est évidente. Je ſuis perſuadé que cette utilité ſera ſentie parfaitement par ceux qui connoiſſent combien il eſt important à la France, de ne pas interrompre ſon Commerce, & de lui donner au contraire toute protection & aide, par préference à la Finance, & même à ſon préjudice.

On me dira peut-être qu'il réſulte de mon raiſonnement, que le Roy n'eſt pas auſſi riche que l'étoient ſes prédéceſſeurs, et [redacted] qu'il ne tire pas tant d'argent de ſes peuples qu'en tiroient autrefois Louis XII. François I. Henri II. François II. & Henri III. & que par conſéquent les peuples ne payent pas aſſez d'impoſitions.

Cette objection ſe détruira, en montrant que Louis XV. tire réellement baucoup plus de ſes ſujets que n'en tiroient ſes prédéceſſeurs. Les revenus de Louis XV. ſont aujourd'hui de 200. millions, qui à 740 livres 9 ſols 1 denier le marc d'or fin, font 270,106 marcs que tire actuellement Louis XV. de ſes ſujets.

Or on a vû ci-devant pag. 376. que Louis XII. n'en tiroit que 58,770 $\frac{4}{5}$ marcs, auſquels ajoûtant leur cinquiéme pour le produit des Etats réunis à la Couronne depuis ſon tems, on aura pour ſon revenu, la quantité de . . . . 70,524 $\frac{4}{5}$ marcs.

François I. pag. 384. tiroit 95,117 $\frac{14}{25}$ marcs: En y ajoûtant leur cinquiéme, on aura . . . 114,141.

Henri II & François II. page 392. tiroient 104,651 marcs, qui avec leur cinquiéme font . . . 125,581.

Henri III. page 395. tiroit 142,587 marcs, qui avec leur cinquiéme font . . . . 171,104 $\frac{2}{5}$

Tout cela eſt fort éloigné des . . . . 270,106 marcs.

que Louis XV. reçoit actuellement; donc il ne s'enſuit pas

qu'il tire moins de ses sujets que ses prédécesseurs. Il en tire, comme on le voit, beaucoup plus, & il est cependant dans un sens moins riche, par rapport à l'augmentation des Denrées & des Especes, & à cause de ses charges, qui ont beaucoup plus augmenté que ses revenus : ce qui fait tomber l'objection, & est encore une preuve sensible que l'augmentation numéraire des Especes, & celle du prix des Denrées jointes à ses charges, ont été désavantageuse au Roi. Il ne s'ensuit donc pas, que les peuples ne payent point assez d'impositions. Je soutiens au contraire (ce qui n'est pas de mon sujet) qu'ils payent actuellement tout ce qu'on en peut moralement exiger. La maniere de percevoir ces impositions, fait plus de mal aux peuples, que l'imposition même.

ARTICLE VI.

Contenant une Addition à ce Chapitre.

DEpuis cet ouvrage fait, il paroît une seconde édition de l'*Essai politique sur le Commerce*, dans laquelle on trouve une addition au Chap. 19. page 235. & suivantes. Pour prouver que l'*augmentation numéraire a été nécessaire, ou du moins qu'il est nécessaire qu'elle existe à present*, l'Auteur prend un exemple dans les revenus du Roy de l'année 1683. comparez à ceux de 1733. C'est la matiere de ce Chapitre, qui ne roule que sur de semblables comparaisons. Ecoutons l'Auteur, voici comme il s'exprime, page 236.

» Selon ce qui est rapporté

» dans les ouvrages de M. l'Ab-
» bé de Saint Pierre (*a*), par
» son Calcul que nous suppo-
» sons juste, les revenus du Roy
» en 1683. montoient à qua-
» tre millions, deux cens qua-
» tre-vingt six mille marcs d'ar-
» gent à 28 francs le marc : &
» en 1733. ces mêmes imposi-
» tions (*b*), à 49 livres le
» marc, ne rendoient que 156
» millions. Or, dit M. l'Abbé
» de Saint Pierre, la quantité
» de marcs payez en 1683. fe-
» roit à présent plus de 200
» millions. Donc le Roy perd
» par l'augmentation numérai-
» re 45 millions. Observés, *dit ici notre Auteur*, » qu'il les rega-
» gne par la Capitation, le Con-
» trôle, & l'augmentation de

[*a*] Tome 8. sur le Ministére des Finances.

[*b*] Les Fermes générales, les Tailles, & les pays d'Etats.

» la Ferme du Tabac.

C'est-à-dire, que l'augmentation numéraire ayant mis le Roy au-dessous de sa dépense, sa Majesté, pour mettre sa recette au niveau de sa dépense, encore augmentée par le surhaussement des Monnoyes, a été forcée de charger ses sujets de la Capitation, que M. l'Abbé de Saint Pierre (*a*) évalue à 22 millions, du contrôle qu'il estime 10 millions, & d'augmenter la Ferme du Tabac, de plus de 3 millions. Voilà donc le Peuple chargé de 35 millions de plus qu'il ne l'étoit, & le Roy en perd 45. Donc sa Majesté ne les regagne pas par la Capitation, le Contrôle & l'augmentation de la Ferme du Tabac, comme l'Auteur le prétend (*b*),

[*a*] Tome 8. page 10.
[*b*] Essai politique, page 236.

puisqu'il

puiſqu'il s'en faut 10 millions qu'elle ne retrouve les 45. qu'elle perd. Mais quand le Roy les regagneroit par cette augmentation de Droits, l'augmentation numéraire en a-t-elle moins fait le mal qui lui eſt attribué, d'avoir diminué les Droits du Roy de 45 millions, & chargé le Peuple de 35 millions de plus qu'il ne l'étoit ? Eſt-ce-là un avantage ? Non, aſſurément. L'Auteur de l'*Eſſai politique* a bien ſenti que cet exemple ne prouvoit pas la néceſſité de l'augmentation numéraire. Auſſi la ſoutient-il par cet autre diſcours qu'il tient tout de ſuite, page 237. Ecoutons-le.

» Voyons, ſi un autre raiſon-
» nement n'eſt pas d'une con-
» ſéquence plus vraye & plus
» utile : Par toutes les dépenſes,
» & les emprunts faits depuis

» 1683, les charges de l'Etat
» sont augmentées au point,
» qu'il faut 200 millions an-
» nuels pour les acquitter. Or,
» si le marc d'argent étoit à 28
» francs, il faudroit pour payer
» ces 200 millions, 7 millions
» de marcs d'argent, & il n'en
» faut que quatre, lorsque le
» marc d'argent est à 49 livres;
» donc le Peuple paye trois
» septiémes de moins en poids,
» c'est-à-dire, en valeur réelle.

M. l'Abbé de Saint Pierre (a), dit que *l'imprudente augmentation des Monnoyes causa la plus grande partie de la diminution des revenus du Roy*. N'auroit-il pas pû dire de plus, qu'elle fit augmenter le prix de toutes choses, & par conséquent les charges de l'Etat ? ce qui fait pour le Roy une double perte,

[a] Page 11. du tome 8.

en diminuant ses revenus & en augmentant ses depenses. Si le marc d'argent étoit resté à 28 francs, & que l'argent ne fût pas devenu plus commun, rien n'auroit augmenté ; toutes choses auroient resté à peu-près sur le même pied qu'elles étoient ; le Peuple payeroit toujours ce qu'il payoit ; ses charges & celles de l'Etat n'auroient point augmenté ; le Roy auroit toujours été, comme il étoit, au niveau de sa dépense, & le Peuple n'auroit pas été surchargé de 35 millions. Ce Peuple en 1733. payoit-il mieux ses Charges, & en avoit-il plus de reste qu'en 1683 ? Pouvoit-il faire plus dans l'un & dans l'autre tems, que de payer les impositions, de vivre & de s'entretenir assez mal ? S'il paye au Roy $\frac{2}{7}$ de moins en poids, il n'y gagne rien ; au contraire, il y perd; car il reçoit aussi $\frac{3}{7}$ de moins en poids pour le prix de ses Denrées, de ses journées, &c. L'augmentation de toutes choses, opérée par le surhaussement des Monnoyes, augmente aussi ses dépenses ; & comme il reçoit beaucoup plus qu'il ne paye au Roy & au propriétaire de la Terre qu'il cultive, il y perd aussi beaucoup plus qu'il n'y gagne. Il en est de même du Roy: si le Peuple lui paye $\frac{3}{7}$ de moins en poids, il reçoit donc ces $\frac{3}{7}$ de moins: cela étant, le Roy étoit réellement moins riche en 1733. qu'il ne l'étoit en 1683. S'il est moins riche, & que sa dépense soit augmentée par le surhaussement des Monnoyes, & par l'augmentation de ses charges, il fait une double perte : alors il est forcé d'augmenter les impositions & de charger son peuple plus qu'il ne l'étoit. C'est aussi ce qui est arrivé. Est-ce-là gagner ? N'est-ce pas plûtôt une perte réelle pour le peuple, & pour le Roy même ? Que le Lecteur revoye, s'il lui plaît, les preuves qui ont été données de ces faits ci-devant, Chap. 1. Art. 7. applications 1, 2 & 3, & encore Chap. 2. Art. 5. pag. 419. n°. 3 & suivantes.

Ce que nous disons ici, & ce que dit M. l'Abbé de Saint Pierre, peut encore se prouver de cette façon.

Suivant une récapitulation des revenus du Roy en 1683. qui m'a été communiquée par l'Auteur du Livre qui fait le sujet de ces remarques, & que je suppose juste, le prix des baux de cette année 1683. se montoit à 116,873,476 livres (*a*). En voici le détail, à côté duquel on a mis le produit actuel des mêmes impositions pris dans la seconde Observation de l'Ouvrage de M. l'Abbé de Saint Pierre. (*b*)

	ANNE'E 1683.	ANNE'E 1730 & sui.
Fermes générales ...	64,937,000.	84,000.000.
Recettes générales ..	37,908,244.	43,500,000.
Recettes, des païs d'Etats.......	4,223,503.	5,748,337.
Dons gratuits	5,606,516.	7,530,136.
Revenus casuels ...	2,786,900.	3,000,000.
Bois du Roi.	1,411,313.	1,500,000.
	116,873,476.	145,278,473.

M. l'Abbé de Saint Pierre dit cependant (*c*) que les reve-

[a] *Voyez ci devant à la fin de l'Art. 5. de ce Chap. avant le resumé, la comparaison de ses revenus de 1683. à ceux de 1715.*

[b] *Tom. 8. p. 7. & suivantes*,

(*c*) Page 10.

nus du Roy en 1683. étoient de 120 millions ; mais pour donner toute la faveur du côté de notre Auteur, nous allons tabler sur le revenu le plus foible, les 116,873,476 livres à 28. francs le marc faisoient 4,174,052 $\frac{5}{7}$ marcs d'argent.

En 1730, tems de paix, les mêmes revenus produisoient suivant le détail précédent 140,278,473 livres ; laquelle somme, à 49 livres 16 s. le marc d'argent, fait 2,816,836 $\frac{67}{83}$ marcs d'argent : ainsi le numéraire de 1730. étoit plus fort que celui de 1683. de 23,404,997 livres. Cependant le Roy recevoit réellement 1,357,215 $\frac{527}{581}$ marcs d'argent de moins, qu'il n'en recevoit en 1683. Donc le Roy étoit réellement moins riche en 1730. avec un plus grand numéraire, qu'il ne l'étoit en 1683. avec un plus foible numéraire. Ce fait, qui paroît laisser peu de replique, & qui est plus fort encore que celui de M. l'Abbé de Saint Pierre, prouve-t-il *que l'augmentation numéraire soit avantageuse au Roy & au peuple, comme débiteurs, & qu'elle soit nécessaire pour soulager le Laboureur accablé de l'imposition*, comme le veut notre Auteur aux endroits citez ci-bas (a) ? Ne prouve-t-il pas plûtôt ce qu'on vient de dire ; que le Roy étoit réellement moins riche en 1730 avec son plus grand numéraire, qu'il ne l'étoit en 1683. avec un plus foible numéraire, & cela indépendemment du prix des Denrées qui a suivi le numéraire ou à-peu-près ? Cela étant, où est la nécessité de l'aug-

[a] Essai Polit. deuxiéme édit. pag. 208 & 238. 239.

mentation numéraire ? Il eſt clair *qu'elle eſt contraire au Roy & au peuple, comme débiteurs*. Car le peuple en eſt plus chargé, & il y perd comme le Roy.

Les 4,174,052 $\frac{5}{7}$ marcs d'argent que recevoit le Roy en 1683. feroient à préſent (à 49 livres 16 ſols le marc) un revenu de 207,867,845 livres : les mêmes impoſitions produiſent aujourd'hui 140,278,473 livres donc l'augmentation numéraire fait perdre au Roy une ſomme de 67,589,372 livres, indépendemment du prix des Denrées. L'Auteur dira-t-il encore, comme il l'a dit (*a*), que le Roy les regagne par la Capitation & autres droits qui étoient ſur le peuple en 1730, & qui n'y étoient point en 1683 ? Non, car

[*a*] Page 236.

il ne doit pas ignorer que cet expédient fait une charge de plus sur le peuple, & une preuve évidente que l'augmentation numéraire lui est désavantageuse. Mais outre cette raison qui paroît invincible, nous allons tâcher de lui montrer que le Roy, par cet excédent d'impositions sur le peuple, ne retrouve point les 67,589,372 livres, que l'augmentation numéraire lui fait perdre réellement.

Toutes les parties, qui composoient le revenu du Roy en 1730, détaillées dans l'Ouvrage de M. l'Abbé de Saint Pierre cité ci-dessus, montent ensemble à 182,399,090 livres, les cinq millions du Cinquantieme supprimé déduits: nous n'en comptons ci-dessus que 140,278,473 livres. La différence, 42,120,617 livres, est ce, dont le peuple est chargé de plus, & que le Roy retrouve, à la façon de notre Auteur. Mais s'il perd 67,589,372 livres par l'augmentation numéraire, & que l'augmentation des impositions ne lui en fasse retrouver que 42,120,617 livres, n'est-il pas clair que le Roy y perd encore 25,468,755 livres, Ainsi l'Auteur ne pourra pas dire, que le Roy retrouve par l'augmentation des impositions, ce que lui fait perdre l'augmentation numéraire des Monnoyes; puisqu'avec cette augmentation d'impositions, il perd encore 25,468,755 livres. Car le Roy recevoit en 1683 l'équivalent

de	207,867,845 l.
Il ne recevoit en 1730. que.	182,399,090.
Partant le Roy y perd encore.	25,468,755.

Cela s'accorde exactement au premier calcul, & c'est une preuve qu'il est bon. Après de pareils faits, on ne croit pas que l'on puisse regarder l'augmentation numéraire des Monnoyes, comme avantageuse au Roy ni au peuple en aucun cas. C'est ce que j'avois à prouver.

Fin du Tome premier.

INVENTAIRE
R31703